Preisgestaltung neu denken

Jan Y. Yang

Preisgestaltung neu denken

Wie KI alles verändert

Jan Y. Yang ⓘ
Simon-Kucher and Partners
Frankfurt am Main, Deutschland

ISBN 978-3-032-07468-3   ISBN 978-3-032-07469-0   (eBook)
https://doi.org/10.1007/978-3-032-07469-0

Die Deutsche Nationalbibliothek verzeichnet diese Publikation in der Deutschen Nationalbibliografie; detaillierte bibliografische Daten sind im Internet über https://portal.dnb.de abrufbar.

Übersetzung der englischen Ausgabe: „Reimagine Pricing " von Jan Y. Yang, © The Editor(s) (if applicable) and The Author(s), under exclusive license to Springer Nature Switzerland AG 2025. Veröffentlicht durch Springer Nature Switzerland. Alle Rechte vorbehalten.

Dieses Buch ist eine Übersetzung des Originals in Englisch „Reimagine Pricing " von Jan Y. Yang, publiziert durch Springer Nature Switzerland AG im Jahr 2025. Die Übersetzung erfolgte mit Hilfe von künstlicher Intelligenz (maschinelle Übersetzung). Eine anschließende Überarbeitung im Satzbetrieb erfolgte vor allem in inhaltlicher Hinsicht, so dass sich das Buch stilistisch anders lesen wird als eine herkömmliche Übersetzung. Springer Nature arbeitet kontinuierlich an der Weiterentwicklung von Werkzeugen für die Produktion von Büchern und an den damit verbundenen Technologien zur Unterstützung der Autoren.

© Der/die Herausgeber bzw. der/die Autor(en), exklusiv lizenziert an Springer Nature Switzerland AG 2025

Das Werk einschließlich aller seiner Teile ist urheberrechtlich geschützt. Jede Verwertung, die nicht ausdrücklich vom Urheberrechtsgesetz zugelassen ist, bedarf der vorherigen Zustimmung des Verlags. Das gilt insbesondere für Vervielfältigungen, Bearbeitungen, Übersetzungen, Mikroverfilmungen und die Einspeicherung und Verarbeitung in elektronischen Systemen.
Die Wiedergabe von allgemein beschreibenden Bezeichnungen, Marken, Unternehmensnamen etc. in diesem Werk bedeutet nicht, dass diese frei durch jede Person benutzt werden dürfen. Die Berechtigung zur Benutzung unterliegt, auch ohne gesonderten Hinweis hierzu, den Regeln des Markenrechts. Die Rechte des/der jeweiligen Zeicheninhaber*in sind zu beachten.
Der Verlag, die Autor*innen und die Herausgeber*innen gehen davon aus, dass die Angaben und Informationen in diesem Werk zum Zeitpunkt der Veröffentlichung vollständig und korrekt sind. Weder der Verlag noch die Autor*innen oder die Herausgeber*innen übernehmen, ausdrücklich oder implizit, Gewähr für den Inhalt des Werkes, etwaige Fehler oder Äußerungen. Der Verlag bleibt im Hinblick auf geografische Zuordnungen und Gebietsbezeichnungen in veröffentlichten Karten und Institutionsadressen neutral.

Springer Gabler ist ein Imprint der eingetragenen Gesellschaft Springer Nature Switzerland AG und ist ein Teil von Springer Nature.
Die Anschrift der Gesellschaft ist: Gewerbestrasse 11, 6330 Cham, Switzerland

Wenn Sie dieses Produkt entsorgen, geben Sie das Papier bitte zum Recycling.

Ich spreche meiner Lektorin, Jialin Yan, und ihren engagierten Kolleginnen und Kollegen bei Springer meinen herzlichen Dank für ihre unschätzbare Unterstützung aus. Die Freude an der Erstellung dieses Werks ist ganz die meine, ebenso wie etwaige verbleibende Fehler.

Interessenkonflikte Der Autor hat keine konkurrierenden Interessen anzugeben, die für den Inhalt dieses Manuskripts relevant sind.

Inhaltsverzeichnis

1	Die Weichen stellen	1
2	Die Bausteine KI-gestützter Preisgestaltung	17
3	Fallstudien: KI im Einsatz	101
4	Organisatorischen Wandel für KI-gestützte Preisgestaltung steuern	131
5	Die Zukunft der KI-gestützten Preisgestaltung	149
	Anhang: KI-Prompts für intelligentere Preisberatung meistern	163

Über dieses Buch

KI-gestützte Preisgestaltung untersucht die transformative Rolle der künstlichen Intelligenz in modernen Preisstrategien. Das Buch geht darauf ein, wie KI die Entscheidungsfindung verbessert und Preisgestaltung proaktiver, vorausschauender und personalisierter macht. Es behandelt zentrale KI-Technologien, Fallstudien und das Change Management in Organisationen und bietet damit einen umfassenden Leitfaden für Unternehmen, die KI in ihre Preisfunktionen integrieren möchten. Die Leser erhalten Einblicke in datengestützte Methoden, Anwendungen der dynamischen Preisgestaltung und zukünftige Trends, die KI-basierte Preisgestaltung prägen. Das Buch verbindet technischen Tiefgang mit praxisnahen Implementierungsstrategien und ist damit eine unschätzbare Ressource für Preisexperten, Unternehmensleiter und KI-Anwender.

1

Die Weichen stellen

Einleitung

Im Bereich der Preisgestaltung ist jede Entscheidung ein äußerst sensibles Balanceakt, bei dem Strategie, Daten, Intuition und Marktdynamik aufeinandertreffen. Jahrzehntelang haben sich Preisexperten auf bewährte Werkzeuge wie Excel verlassen, arbeiteten bis spät in die Nacht, um Margen anzupassen, Wettbewerbsbewegungen zu analysieren und fragmentierte Erkenntnisse zusammenzutragen. Auch wenn diese Methoden zuverlässig waren, sind sie von Natur aus reaktiv und es fehlt ihnen die Agilität, um den heutigen komplexen Herausforderungen zu begegnen.

Stellen Sie sich vor, Preisgestaltung könnte diese manuellen Prozesse überwinden und proaktiv, vorausschauend sowie individuell auf das Verhalten einzelner Kunden zugeschnitten werden. Genau hier kommt Künstliche Intelligenz (KI) ins Spiel – nicht als fernes Konzept, sondern als sich rasant entwickelnde Technologie, die bereits zahlreiche Geschäftsbereiche durchdringt. KI hat das Potenzial, Preisstrategien grundlegend zu verändern, indem sie Unternehmen ermöglicht, Marktentwicklungen im Blick zu behalten, Preise dynamisch anzupassen und Kundenerlebnisse mit Präzision zu optimieren. Jeff Bezos (2023) bezeichnete KI als eine „horizontale Ermöglichungsschicht", die alles verbessert, was sie berührt – von Geschäftsprozessen bis hin zu öffentlichen Dienstleistungen.

Trotz positiver Aussichten sind viele Fachleute weiterhin an statische Werkzeuge gebunden und kämpfen damit, dynamische Herausforderungen mit veralteten Ansätzen zu bewältigen. Diese Abhängigkeit beeinträchtigt nicht nur die Effizienz, sondern macht Unternehmen in einer Zeit, die Agilität und datenbasierte Präzision verlangt, auch verwundbar.

Dieses Kapitel bereitet den Boden, um zu verstehen, wie KI die Preisgestaltung neu gestaltet und auf ein neues Niveau hebt. Ich werde die Grundlagen KI-gestützter Preisfindung sowie die übergeordneten Kräfte, die ihre Einführung vorantreiben, beleuchten – von Fortschritten im maschinellen Lernen bis hin zum wachsenden Bedarf an Echtzeit-Entscheidungen. Am Ende dieses Kapitels werden Sie verstehen, warum KI nicht nur ein vorübergehender Trend, sondern eine entscheidende Weiterentwicklung im Preismanagement ist.

Ob Sie Preisexperte sind und modernisieren möchten oder als Führungskraft nach Wachstumsstrategien suchen – dieses Kapitel ist Ihr Ausgangspunkt, um das transformative Potenzial der KI zu erkennen. Die Zukunft der Preisgestaltung ist da – jetzt ist es an der Zeit, den Weg zu weisen.

Warum Preisgestaltung wichtiger ist als je zuvor

Die Macht der Preisgestaltung: Mehr als nur das Ergebnis

Preisgestaltung erzählt im Kern eine überzeugende Geschichte über den wahrgenommenen Wert, die Qualität und die Exklusivität eines Produkts. Jeder Preis sendet eine Botschaft aus und beeinflusst, wie Kunden emotional mit der Marke in Verbindung treten. Dennoch wird die strategische Bedeutung der Preisgestaltung oft von Routineaufgaben und dem Streben nach Marktanteilen verdrängt. Das Potenzial der Preisgestaltung, Profitabilität und Markenwahrnehmung zu prägen, bleibt vielfach ungenutzt.

Eine durchdachte Preisstrategie formt die Identität einer Marke. Denken Sie an die Hermès Birkin Bag mit ihrem astronomischen Preisschild. Dieser Preis spiegelt nicht nur die Kosten wider, sondern unterstreicht eine Geschichte von Knappheit, unvergleichlicher Handwerkskunst und Exklusivität. Indem Hermès konsequent auf Rabatte verzichtet, festigt das Unternehmen seine Luxuspositionierung und schafft eine begehrenswerte Aura bei seiner Kundschaft. Im Gegensatz dazu stehen die allgegenwärtigen „50 % Rabatt!"-Schilder im Einzelhandel, die zwar Dringlichkeit und Zugänglichkeit signalisieren sollen, aber das Prestige einer Marke verwässern und den Eindruck von vergänglichem Wert erwecken können.

Die Strategie von Hermès verdeutlicht ein zentrales Prinzip: Preisgestaltung ist strategisch. Wie Martin und Dholakia (2020) betonen, verhindert eine konsequente Preispolitik den Vertrauensverlust bei Kunden und stärkt die langfristige Markenbindung. Im Gegensatz dazu geraten Marken, die stark auf Rabatte setzen, häufig in eine „Promotion-Falle", in der Kunden darauf konditioniert werden, auf Sonderangebote zu warten. Studien belegen dieses Phänomen: Häufige Aktionen mindern den wahrgenommenen Wert und fördern auf Dauer die Illoyalität (Nagle und Müller 2018).

Moderne Märkte verlangen, dass Unternehmen Preisgestaltung nicht nur als transaktionales Werkzeug betrachten. Sie ist ein strategischer Hebel, um dem steigenden Wettbewerb, informierten Kunden und den Herausforderungen der digitalen Innovation zu begegnen. Unternehmen, die sich nicht anpassen, riskieren, in zunehmend volatilen Märkten an Boden zu verlieren.

Wie Dolan und Simon (1996) hervorheben, führen disziplinierte Preisstrategien zu dauerhaft überlegener Performance im Vergleich zu traditionellen Ansätzen. Indem Unternehmen Preisgestaltung als strategische Priorität integrieren, können sie deren Rolle über die reine Gewinnmaximierung hinaus neu definieren. Preisgestaltung wird zum Medium, mit dem Marken ihr Selbstverständnis, ihre Ambitionen und ihr einzigartiges Wertversprechen am Markt kommunizieren – und so Vertrauen, Engagement und Loyalität vertiefen.

Herausforderungen traditioneller Preisgestaltung

Preisgestaltung ist wohl der bedeutendste Hebel für den Unternehmenserfolg, doch viele Organisationen schöpfen ihr Potenzial weiterhin nicht aus. Trotz ihres direkten Einflusses auf Umsatz und Profitabilität reichen traditionelle Methoden oft nicht aus, um die Komplexität der heutigen dynamischen und sich schnell entwickelnden Märkte zu bewältigen. Im Folgenden gehe ich auf zentrale Herausforderungen ein, die konventionelle Preisansätze für die Anforderungen moderner Unternehmen unzureichend machen.

Veraltete Praktiken in einer sich ständig verändernden Welt

Viele Unternehmen sind heute noch immer an statische Preisrahmen wie Kosten-plus-Preisbildung oder Markt-Benchmarking gebunden. Diese Methoden sind zwar einfach, werden aber der heutigen volatilen Wirtschaftslage zunehmend nicht mehr gerecht. Die Kosten-plus-Preisbildung etwa blendet die Kundennachfrage weitgehend aus und konzentriert sich vor allem auf interne Kostenstrukturen und Wunschvorstellungen. Ebenso geht das Markt-Benchmarking davon aus, dass die Preisstrategien der Wettbewerber sinnvoll sind – ein riskantes Unterfangen in hochkompetitiven und dynamischen Märkten.

Ein Beispiel: Eine mittelgroße Hotelkette hielt an festen Saisonpreisen fest und passte die Raten nur zweimal jährlich an. In einem Sommer führte ein großes internationales Sportereignis unerwartet zu einem Ansturm von Reisenden in einem ihrer wichtigsten Märkte. Wettbewerber mit dynamischer Preisgestaltung nutzten die gestiegene Nachfrage und steigerten ihre Umsätze deutlich. Die Hotelkette hingegen, gefangen in ihrer starren Preisstrategie, verpasste erhebliche Umsatzpotenziale – ein Beleg für die Grenzen rigider Ansätze in einer unvorhersehbaren Welt.

Unternehmen halten an diesen veralteten Methoden fest, weil sie vertraut erscheinen und als weniger riskant gelten. Doch da Nachfragemuster zunehmend von Faktoren wie globalen Krisen, digitalen Trends oder sogar viralen Inhalten beeinflusst werden, laufen Organisationen, die ihre Preisstrategien nicht weiterentwickeln, Gefahr, obsolet zu werden.

Abgeschottete Datenhaltung

Effektive Preisentscheidungen beruhen auf Erkenntnissen aus verschiedenen Unternehmensbereichen wie Vertrieb, Marketing, Supply Chain und Finanzen. In der Praxis arbeiten viele Organisationen jedoch in Silos, wobei jede Abteilung ihre eigenen Daten und Systeme verwaltet. Dieser fragmentierte Ansatz stellt eine große Herausforderung dar, da Preisgestaltung einen ganzheitlichen Blick auf Faktoren wie Kosten, Wettbewerberaktivitäten und Kundennachfrage erfordert.

So stellte beispielsweise ein Großhändler fest, dass sein Pricing-Team unwissentlich Preise unterhalb akzeptabler Gewinnmargen festlegte. Warum? Dem Team fehlte die Transparenz über aktualisierte Logistikkosten, die von der Supply-Chain-Abteilung verwaltet wurden. Das Ergebnis war eine Diskrepanz, die zu sinkenden Margen, frustrierten Stakeholdern und verpassten Chancen führte, die Preise an die tatsächlichen Kosten anzupassen.

Datensilos behindern nicht nur effektive Preisentscheidungen, sondern verzögern auch die Reaktion auf Marktveränderungen. Ohne integrierte Systeme sind Pricing-Teams oft gezwungen, Erkenntnisse manuell zusammenzutragen – was zu Ineffizienzen und entgangenen Umsatzchancen führt. Moderne Unternehmen benötigen zentrale Plattformen oder vernetzte

Tools, um diese Silos aufzubrechen und eine einheitliche Datenbasis für Preisstrategien zu schaffen.

Kognitive Verzerrungen bei Entscheidungen

Selbst wenn Organisationen Zugang zu relevanten Daten haben, können menschliche Verzerrungen Preisstrategien untergraben. Es ist nicht ungewöhnlich, dass Vertriebs- oder Pricing-Manager Entscheidungen auf Intuition oder persönlicher Erfahrung basieren – was immer wieder zu Verzerrungen und Fehlern führt.

Ein klassisches Beispiel ist die Angst, Kunden durch Preiserhöhungen zu verlieren. Selbst wenn Daten zeigen, dass Kunden bereit sind, mehr zu zahlen, zögern Pricing- oder Vertriebsteams und verzichten auf verdiente Umsatzchancen. Diese Tendenz, Produkte oder Dienstleistungen zu unterbewerten, resultiert oft aus mangelndem Vertrauen in datenbasierte Erkenntnisse.

Auch der Ankereffekt ist ein häufiges Problem: Entscheidungsträger fixieren sich auf einen Ausgangspreis, der auf Bauchgefühl basiert, und ignorieren dabei veränderte Marktbedingungen oder Kundenpräferenzen. Diese Verzerrung kann Unternehmen daran hindern, Preise wirksam anzupassen – mit Stagnation oder Wettbewerbsnachteilen als Folge.

Um diese kognitiven Verzerrungen zu überwinden, können Unternehmen KI-gestützte Tools integrieren, die objektive Empfehlungen liefern. Durch die Kombination menschlicher Intuition mit maschinengenerierten Erkenntnissen lassen sich Kreativität und Präzision verbinden, sodass Preisentscheidungen sowohl strategisch als auch datenbasiert getroffen werden können.

Der schmerzhafte Zeitdruck

Einer der gravierendsten Schwachpunkte traditioneller Preissysteme ist der enorme Zeitaufwand, der für die Preissteuerung über zahlreiche Produkte, Regionen und Kanäle hinweg erforderlich ist. Unzählige Pricing-Teams stecken in einem Kreislauf manueller Arbeit fest: Preislisten aktualisieren, Abweichungen abgleichen, Wettbewerbsdaten analysieren und nicht zuletzt mühsame Abstimmungen mit verschiedenen Stakeholdern. Dieser arbeitsintensive Prozess lässt kaum Raum für strategische Initiativen oder Innovationen.

Ein Beispiel: Ein globaler Distributor verwaltete ein Portfolio von über 400.000 SKUs. Das Pricing-Team war überlastet und verbrachte Tage damit,

Aufschläge manuell zu berechnen und Tabellen zu aktualisieren. Als ein Wettbewerber eine disruptive Aktion startete, dauerte es fast drei Wochen, bis das Unternehmen seine eigene Preisstrategie anpasste. Als die neuen Preise schließlich am Markt waren, hatte der Wettbewerber bereits einen erheblichen Marktanteil gewonnen. Langsame Reaktionszeiten waren teuer.

Das Problem verschärft sich in großen Organisationen, wo langwierige Freigabeprozesse Preisentscheidungen verzögern. Hierarchische Ebenen, abteilungsübergreifende Abhängigkeiten und häufige Abstimmungsschleifen können eine scheinbar einfache Preisänderung zu einem langwierigen Unterfangen machen. So berichtete ein multinationaler Elektronikkonzern, dass es oft 6–8 Wochen dauerte, bis Preisänderungen weltweit umgesetzt waren, da Anpassungen von mehreren regionalen und zentralen Teams geprüft, abgestimmt und genehmigt werden mussten. Selbst kleine Verzögerungen können in solchen Fällen den Wettbewerbsvorteil schmälern und zu Umsatzverlusten führen.

Automatisierung und KI-Technologien bieten eine überlegene Lösung, indem sie den manuellen Aufwand drastisch reduzieren und die Zeitabläufe verkürzen. Mit maschinellem Lernen ausgestattete Tools können Preisstrukturen dynamisch und in Echtzeit an Marktbedingungen, Kundenverhalten und Wettbewerberaktivitäten anpassen. Dennoch neigen Unternehmen dazu, an veralteten Systemen festzuhalten – aus Trägheit oder aus Angst vor Veränderungen.

Um diesem Zeitdilemma zu entkommen, ist ein Umdenken erforderlich. Organisationen müssen Freigabeprozesse verschlanken, Pricing-Teams zu schnellen Entscheidungen befähigen und die Geschwindigkeit sowie Effizienz KI-gestützter Systeme nutzen. Durch die Reduzierung manueller Tätigkeiten und die Beschleunigung der Entscheidungsfindung können Unternehmen den Fokus von operativen Engpässen auf strategische Chancen verlagern und so ihre Widerstandsfähigkeit im heutigen schnelllebigen Markt sichern.

Der Ruf nach Veränderung

Die Grenzen traditioneller Preisgestaltung bieten die Chance zur Transformation statt zur Resignation. Um diese Chance zu nutzen, sollten Unternehmen über statische Strategien hinausgehen, Silos zwischen Abteilungen aufbrechen, kognitive Verzerrungen aktiv angehen und zukunftsweisende Technologien wie KI und Automatisierung einführen. Preisgestaltung muss zu einer zentralen Säule strategischer Innovation und nachhaltigen Wachstums werden.

Moderne Märkte verlangen Agilität und Weitblick – Eigenschaften, die veraltete Ansätze nicht bieten können. Veränderung zuzulassen bedeutet, Preisgestaltung als dynamische, datengetriebene Disziplin zu begreifen, die Kundenbedürfnisse antizipiert, auf Marktschwankungen reagiert und ungenutztes Potenzial erschließt.

In den folgenden Kapiteln werde ich darauf eingehen, wie KI diese Herausforderungen adressiert und Preisgestaltung in einen proaktiven, vorausschauenden und personalisierten Wachstumsmotor verwandelt. Von der Optimierung von Preispunkten in Echtzeit bis zur Erschließung verborgener Marktchancen – KI bietet Werkzeuge, mit denen Unternehmen der Konkurrenz einen Schritt voraus sind und gleichzeitig stärkere Kundenbeziehungen aufbauen können.

Das revolutionäre Potenzial von KI im Pricing

Wo passt KI in die Preisgestaltungsgleichung? Das Faszinierendste ist nicht ihre Fähigkeit, Ineffizienzen zu beheben. Es ist vielmehr die Art und Weise, wie sie neu definiert, was Preisgestaltung leisten kann. Durch die Nutzung riesiger Datensätze und fortschrittlicher Algorithmen befähigt KI Unternehmen, sich mit bisher unerreichter Präzision anzupassen, zu personalisieren und vorherzusagen. Lassen Sie uns untersuchen, wie KI die Preislandschaft neu gestaltet.

Dynamische Preisgestaltung in der Praxis

Stellen Sie sich ein Preissystem vor, das in Echtzeit auf aktuelle Bedingungen reagiert und die Preise nahtlos an Nachfrage, Wettbewerberverhalten und externe Faktoren wie das Wetter anpasst. KI-gestützte dynamische Preisgestaltung macht diese Vision zur Realität, indem sie Tausende von Variablen gleichzeitig verarbeitet und Unternehmen eine Agilität und Präzision verleiht, die menschliche Fähigkeiten übersteigt.

Nehmen wir Elena, eine Resortmanagerin auf Santorin, Griechenland, als Beispiel. Ihr Team implementierte ein KI-gestütztes System zur Steuerung der Zimmerpreise. Anfangs hatte sie Bedenken, die Kontrolle an Algorithmen abzugeben. Doch die Ergebnisse sprachen für sich: eine Steigerung des durchschnittlichen Tagespreises um 12 % in der Hochsaison – alles dank der Fähigkeit der KI, Preise in Echtzeit an Buchungstrends und Wettbewerberaktivitäten anzupassen. „Es funktionierte wie am Schnürchen", sagte sie und war beeindruckt, wie mühelos das System Nachfrage und Rentabilität ausbalancierte.

Diese Fähigkeit ist längst nicht mehr nur Vorreitern wie E-Commerce oder Reisebranche vorbehalten. Unternehmen aller Branchen setzen auf KI-gestützte dynamische Preisgestaltung. So können beispielsweise neuronale Netze nichtlineare Zusammenhänge zwischen Variablen erfassen und differenzierte Nachfragemuster erkennen, die traditionelle Modelle oft übersehen. Einzelhändler nutzen KI, um Preise für Millionen von SKUs zu steuern und auch bei kurzfristigen Marktschwankungen Wert zu schöpfen (Phillips 2005; Bertsimas und Kallus 2020).

Dynamische Preisgestaltung ist nur ein Aspekt des transformativen Potenzials von KI. Über Echtzeitanpassungen hinaus ermöglicht KI Unternehmen, Szenarien zu simulieren, Marktverhalten vorherzusagen und Kundenerlebnisse in großem Maßstab zu personalisieren. Diese Fähigkeiten definieren Preisgestaltung neu und machen aus einer traditionell reaktiven Funktion einen zukunftsorientierten strategischen Vorteil.

Mit der fortschreitenden Verbreitung von KI in den Branchen werden ihre Anwendungen im Pricing immer ausgefeilter und eröffnen Innovationen, die wir erst zu erahnen beginnen. Dank der Fähigkeit, komplexe Datensätze zu nutzen und sich flexibel anzupassen, setzt KI einen neuen Standard dafür, was Preisgestaltung in einem sich ständig wandelnden Markt leisten kann.

Personalisierte Preisgestaltung

Personalisierte Preisgestaltung ist zu einem festen Bestandteil moderner Geschäftsstrategien geworden und wirkt oft im Verborgenen, um Kundenbindung und Profitabilität zu steigern. Ein typisches Beispiel: Sie sind im Begriff, Ihr Abonnement bei einem Streamingdienst zu kündigen, als Ihnen plötzlich ein speziell auf Sie zugeschnittener Rabatt angeboten wird. Das ist kein Zufall. Hier ist KI am Werk, die das Kundenverhalten analysiert und Sie als abwanderungsgefährdeten Nutzer identifiziert. Mit dem richtigen Angebot zum richtigen Zeitpunkt hält die Plattform nicht nur Ihr Abonnement, sondern stärkt auch Ihre Loyalität.

Für Unternehmen eröffnet personalisierte Preisgestaltung enorme Chancen. Sie verschiebt das Paradigma von pauschalen Rabatten, die die Gewinnmargen schmälern können, hin zu gezielten Anreizen, die auf einzelne Kunden zugeschnitten sind. Ein führender Streamingdienst berichtete nach

Einführung KI-gestützter personalisierter Preisstrategien von einer um 20 % verbesserten Kundenbindung. Das System nutzte Kundendaten wie Sehgewohnheiten und Abonnementmuster, um relevante und zeitlich passende Angebote zu unterbreiten.

Dieser Ansatz erschließt ungenutzte Potenziale, indem er auf unterschiedliche Zahlungsbereitschaften eingeht. Stellen Sie sich ein KI-System vor, das das Kaufverhalten, den Browserverlauf und sogar die Stimmung in Service-Interaktionen eines Kunden analysiert. Auf Basis dieser Daten erstellt das System individuelle Preisangebote, die persönlich ansprechen und vom Kunden als fair und relevant wahrgenommen werden. Wie Bertsimas und Kallus (2020) betonen, kann die Ausrichtung der Preisgestaltung auf individuelle Kundenprofile mittels KI sowohl Profitabilität als auch Kundenzufriedenheit deutlich steigern. Indem Unternehmen individuelle Bedürfnisse und Präferenzen erkennen, fördern sie Vertrauen und Loyalität. Gerade dieses Fairness-Empfinden, das in der Preisstrategie verankert ist, stärkt die Kundenbeziehung und positioniert das Unternehmen als verlässlichen Partner statt als anonyme Instanz.

In einem Markt, der von Auswahl und Wettbewerb geprägt ist, ist personalisierte Preisgestaltung eher eine Notwendigkeit als ein Luxus. Mit der Weiterentwicklung von KI wird ihre Fähigkeit, hyperpersonalisierte Erlebnisse zu bieten, weiter wachsen – und eine Zukunft schaffen, in der Preisgestaltung maßgeblich die Customer Journey prägt.

Prognosebasierte Vorhersagen

Stellen Sie sich vor, Sie könnten zukünftige Markttrends antizipieren und Ihre Preisstrategien proaktiv darauf ausrichten. Mit KI-gestützter prognostischer Vorhersage wird diese Vision Realität. Fortschrittliche Tools wie Facebook Prophet und ähnliche Machine-Learning-Modelle analysieren historische Daten, erkennen Muster und prognostizieren Nachfragetrends, sodass Unternehmen von reaktiven zu proaktiven Entscheidungen übergehen können.

Ein Beispiel ist Walmarts innovativer KI-Einsatz mit dem System Eden. Eden passt die Lagerhaltung für verderbliche Waren an, indem es Variablen wie Temperatur, Luftfeuchtigkeit und Produktqualität analysiert. Dieses System hat Walmart geholfen, Abfall deutlich zu reduzieren und die operative Effizienz zu steigern. Über fünf Jahre hinweg soll dieser prognosebasierte Ansatz dem Unternehmen 2 Milliarden US-Dollar eingespart haben – ein eindrucksvoller Beleg für den Wert KI-gestützter Prognosen zur Steigerung von finanzieller und operativer Performance (Marr 2018).

Auch H&M hat prognosebasierte Vorhersagen genutzt, um das Bestandsmanagement zu revolutionieren. In Zusammenarbeit mit Google Cloud integrierte der Einzelhändler KI-Modelle, die Verkaufstrends, Kundenpräferenzen und externe Faktoren wie Wetter oder lokale Events analysieren. So konnte H&M die Produktverfügbarkeit besser auf die Kundennachfrage abstimmen, Überbestände reduzieren und Nachhaltigkeitsziele durch weniger Abfall unterstützen (Chitrakorn 2020).

Prognosebasierte Vorhersagen gehen über das Bestandsmanagement hinaus. Sie ermöglichen es Unternehmen, Preise dynamisch an erwartete Nachfrageschwankungen anzupassen. Beispielsweise kann eine Fluggesellschaft saisonale Nachfragespitzen prognostizieren und frühzeitig mit Aktionen die Buchungen maximieren, während ein Einzelhändler Rabatte auf das erwartete Kaufverhalten in der Weihnachtszeit abstimmt. Solche frühzeitigen Anpassungen helfen, den Umsatz zu optimieren und gleichzeitig die Kundenzufriedenheit durch relevante Angebote zu steigern.

Aus strategischer Sicht können prognosebasierte Vorhersagen Unternehmen in agile, marktorientierte Organisationen verwandeln. Mit KI zur Prognose von Nachfrageschwankungen gelingt es, die Balance zwischen maximaler Profitabilität und exzellentem Kundenerlebnis zu halten. Mit dem Fortschritt dieser Tools werden sie ganze Branchen verändern und neue Maßstäbe für strategische, datenbasierte Entscheidungen setzen.

Preisszenarien leicht gemacht

Pricing-Profis träumen seit jeher von einer Preis-Kristallkugel. KI könnte dem so nahekommen wie nie zuvor. Generative KI etwa ermöglicht mit ihren fortschrittlichen Modellierungsfähigkeiten Unternehmen, Preisstrategien in unterschiedlichsten hypothetischen Szenarien zu simulieren und zu bewerten – und liefert so eine Orientierungshilfe für den Umgang mit Unsicherheit.

Betrachten wir den Fall eines führenden Einzelhändlers, der sich auf einen möglichen Preiskrieg vorbereitet. Mithilfe KI-gestützter Szenarienmodellierung untersuchte das Unternehmen die Auswirkungen einer Preiserhöhung um 5 %, während ein Wettbewerber seine Preise um 10 % senkte. Die Simulation zeigte, dass der Fokus auf treue Kunden mit gezielten Mehrwertaktionen – statt pauschalen Rabatten – potenzielle Verluste abfedern und den Marktanteil sichern kann. Diese Erkenntnis ermöglichte es dem Händler, die Rentabilität zu wahren, ohne sich auf einen ruinösen Rabattwettbewerb einzulassen.

Szenarienmodellierung ist auch bei externen Störungen von großem Nutzen. So kann KI beispielsweise die Auswirkungen von Lieferkettenengpässen oder plötzlichen Konjunktureinbrüchen simulieren. Unternehmen erhalten Klarheit darüber, wie Variablen wie schwankende Materialkosten oder verändertes Konsumverhalten die Preisgestaltung beeinflussen könnten. Dieser Ansatz unterstützt nicht nur die operative Kontinuität, sondern hilft auch, Chancen zur Stärkung der Resilienz in unsicheren Märkten zu nutzen (Hinterhuber und Liozu 2013).

Ein Fertigungsunternehmen nutzte KI, um zu simulieren, wie sich schwankende Rohstoffpreise über einen Zeitraum von drei Monaten auf die Produktionskosten auswirken würden. Das KI-Modell zeigte potenzielle Einsparungen durch die Priorisierung bestimmter Lieferanten auf und schlug eine Preiserhöhungsschwelle vor, die preissensible Kunden nicht vergrault. Diese Weitsicht ermöglichte es dem Unternehmen, entschlossen zu handeln und seine Marktposition auch unter volatilen Bedingungen zu stärken.

Die Fähigkeit generativer KI, detaillierte „Was-wäre-wenn"-Szenarien zu erstellen, hat das Potenzial, die Herangehensweise an Preisstrategien grundlegend zu verändern. Indem Unternehmen die Konsequenzen verschiedener Maßnahmen im Voraus verstehen, können sie von reaktiven zu proaktiven, strategischen Entscheidungen übergehen. Diese Fähigkeit reduziert nicht nur Risiken, sondern eröffnet auch innovative Wege für nachhaltigen Erfolg.

Den Puls des Marktes spüren

Das Verständnis von Kundenstimmung war schon immer entscheidend für die Preisstrategie – doch KI hat die Art und Weise, wie Unternehmen ihren Zielgruppen „zuhören" können, revolutioniert. Durch die Analyse riesiger Mengen unstrukturierter Daten – von Online-Bewertungen über Social-Media-Diskussionen bis hin zu Kundenbeschwerden – liefert KI umsetzbare Einblicke in die Wahrnehmung von Preisfairness und Wert durch die Verbraucher.

So „lauschte" eine führende Kosmetikmarke mithilfe generativer KI den Social-Media-Gesprächen über ihre Produkte und entdeckte eine wachsende Bereitschaft der Kunden, für nachhaltige Verpackungen einen Aufpreis zu zahlen. Mit diesem Wissen führte das Unternehmen eine gestaffelte Preisstruktur für umweltfreundliche Produktlinien ein, steigerte die Profitabilität um 12 % und festigte zugleich seinen Ruf als umweltbewusste Marke. Dieser strategische Schritt kam bei umweltbewussten Konsumenten besonders gut an, was zu größerer Loyalität und einer breiteren Kundenbasis führte.

Die Echtzeitfähigkeiten der KI machen sie zum Game Changer bei der Anpassung von Preisstrategien. Bei einer Produkteinführung nutzte beispielsweise ein Getränkehersteller KI, um die Stimmung zu den Preisen in verschiedenen Regionen zu erfassen. Durch die Analyse von Tweets und Bewertungen zeigte die KI, dass Kunden in städtischen Gebieten den Preis als fair empfanden, während ländliche Verbraucher Bedenken hinsichtlich der Erschwinglichkeit äußerten. Dieses Feedback ermöglichte dem Unternehmen, regionale Preisanpassungen einzuführen und so regionale Unterschiede auszugleichen, ohne die breite Kundenbasis zu verlieren.

Darüber hinaus deckt KI die emotionalen Treiber des Konsumverhaltens auf. Sentiment-Analyse-Tools können beispielsweise erkennen, ob Kunden eine Preiserhöhung als Zeichen verbesserter Qualität oder als ausbeuterische Maßnahme wahrnehmen. Dieses differenzierte Verständnis stellt sicher, dass Preisanpassungen den Erwartungen der Verbraucher entsprechen, das Risiko von Gegenreaktionen minimiert und die Profitabilität maximiert wird (Tene und Polonetsky 2013).

Durch die Integration von KI in die Preisstrategie können Unternehmen schnell auf Veränderungen der Marktstimmung reagieren und sicherstellen, dass ihre Preise die aktuellen Werte der Kunden widerspiegeln. Dieser Ansatz stärkt nicht nur die Kundenzufriedenheit, sondern auch das Markenvertrauen in einem zunehmend wettbewerbsintensiven Umfeld.

Das transformative Potenzial von KI im Pricing

Künstliche Intelligenz verändert Preisstrategien grundlegend. Von Echtzeit-Preisänderungen und hyperpersonalisierten Angeboten über prädiktive Einblicke bis hin zur Analyse der Marktstimmung – KI bietet Unternehmen beispiellose Werkzeuge für fundierte, agile und kundenorientierte Preisentscheidungen.

Was KI wirklich transformativ macht, ist ihre Fähigkeit, die Präzision der Datenanalyse mit dem feinen Verständnis menschlichen Verhaltens und von Marktschwankungen zu verbinden. Traditionelle Preisgestaltung basierte auf statischen Modellen und historischen Daten. KI hingegen bringt eine dynamische Komponente ein, die es Unternehmen ermöglicht, auf aktuelle Veränderungen zu reagieren und zukünftige Trends zu antizipieren. So können Unternehmen beispielsweise mit Reinforcement Learning die Preise in Branchen wie Einzelhandel oder Ride-Sharing dynamisch optimieren, während generative KI Marktszenarien simuliert, um Preisstrategien vor der Umsetzung zu testen.

KI geht zudem über reine Zahlen hinaus und adressiert die psychologischen Aspekte der Preisgestaltung. Durch die Analyse von Kundenpräferenzen, Zahlungsbereitschaft und Stimmung können Unternehmen Strategien entwickeln, die auch emotional ansprechen. Dieser humanisierte Ansatz steigert nicht nur den Umsatz, sondern fördert auch Vertrauen und Loyalität.

Für Organisationen, die bereit sind, die Möglichkeiten zu erkunden, ist KI eine wahrhaft revolutionäre Kraft. Durch die Verbindung der Wissenschaft fortschrittlicher Algorithmen mit der Kunst, Kundenbedürfnisse zu verstehen, ermöglicht KI Unternehmen, in einer sich rasant verändernden Welt wettbewerbsfähig zu bleiben. KI-gestützte Preisgestaltung bedeutet dabei, intelligente, anpassungsfähige Systeme zu schaffen, die Unternehmen zum Erfolg führen.

Preisgestaltung bleibt menschgesteuert

Ich verwende in diesem Buch bewusst die Begriffe „KI-gestützt" und „KI-basiert" anstelle von „KI-gesteuert". Diese Unterscheidung ist nicht bloße Semantik. Sie unterstreicht meinen grundlegenden Standpunkt, wie Technologie mit der Preisgestaltung zusammenwirken sollte.

Letztlich bleibt die Preisgestaltung eine zutiefst menschliche Tätigkeit. Es geht darum, Menschen zu verstehen, also Ihre Kunden, Ihren Markt und die Werte, die Ihr Unternehmen antreiben. Preisgestaltung als Maßstab für den Werttausch erfordert es, Profitabilität mit Fairness in Einklang zu bringen und Entscheidungen an der Mission Ihres Unternehmens auszurichten. So ausgeklügelt KI auch sein mag, sie kann nicht die Empathie und die Nuancen ersetzen, die menschliches Urteilsvermögen in diese Entscheidungen einbringt. So mächtig ein Werkzeug KI auch ist, sie ersetzt nicht die menschliche Beteiligung; vielmehr hebt sie das Preismanagement auf ein neues Niveau.

Tatsächlich liegt die wahre Stärke der KI nicht darin, Entscheidungen zu übernehmen, sondern uns zu besseren Entscheidern zu machen. KI kann riesige Datenmengen verarbeiten und analysieren, mit denen Menschen schlicht nicht Schritt halten können. Sie deckt Muster auf, liefert prädiktive Einblicke und übernimmt Routineaufgaben, sodass wir uns auf das große Ganze konzentrieren können. Doch wenn es darum geht, den Wert eines Produkts zu bestimmen, die Kundenstimmung zu erfassen und Entscheidungen mit übergeordneten Unternehmens- oder gesellschaftlichen Werten abzugleichen, ist und bleibt der menschliche Faktor bislang unersetzlich.

Nehmen wir zum Beispiel ein deutsches Technologieunternehmen, das KI-gestützte Preismodelle für seine Abonnementdienste eingeführt hat. Während das System die Preise in Echtzeit auf Basis von Wettbewerbsbewegungen, Nachfragemustern und Saisonalität optimierte, spielte das Marketingteam weiterhin eine entscheidende Rolle bei der Gestaltung von Sonderaktionen. Die KI lieferte wertvolle Erkenntnisse, doch es war das menschliche Urteilsvermögen des Teams, das sicherstellte, dass die Aktionen zu den Kundenerwartungen und der Markenidentität passten. Als ein Wettbewerber unerwartet die Preise senkte, schlug die KI ebenfalls eine Preissenkung vor. Das Team entschied sich jedoch stattdessen für eine Loyalitätskampagne, bei der durch Premium-Services zusätzlicher Mehrwert geboten wurde. Dies half, das Vertrauen der Kunden zu stärken und die Preisstruktur zu erhalten.

KI als horizontale, ermöglichende Schicht unterstützt Pricing-Expertinnen und -Experten dabei, fundiertere, effizientere und strategischere Entscheidungen zu treffen. Die Kombination aus menschlicher Intuition (oder gelegentlich Empathie) und der Datenverarbeitungskraft der KI führt zu einer verfeinerten Preisstrategie, die sowohl kundenzentriert als auch auf die Unternehmensziele ausgerichtet ist.

Literatur

Bertsimas D, Kallus N (2020) From predictive to prescriptive analytics. Manag Sci 66(3):1025–1044. https://doi.org/10.1287/mnsc.2018.3253

Bezos J (2023) Machine learning and AI as horizontal enabling layers. Retail Dive. https://www.retaildive.com.

Chitrakorn K (2020) How H&M is betting on artificial intelligence to boost its fortunes. Vogue Business.

Dolan RJ, Simon H (1996) Power pricing: how managing price transforms the bottom line. Free Press.

Hinterhuber A, Liozu SM (2013) Innovation in pricing: contemporary theories and best practices. Routledge.

Marr B (2018) How Walmart is using machine learning, AI, and big data to boost performance. Forbes. https://www.forbes.com.

Martin KD, Dholakia UM (2020) Fostering customer trust through ethical AI practices. J Bus Ethics 163(4):705–718. https://doi.org/10.1007/s10551-019-04360-4.

Nagle TT, Müller G (2018) The strategy and tactics of pricing: A guide to growing more profitably, 6th Aufl. Routledge.

Phillips R (2005) Pricing and revenue optimization. Stanford Business Books.

Tene O, Polonetsky J (2013) Big data for all: Privacy and user control in the age of analytics. Nw J Tech Intell Prop 11(5):239–273. https://doi.org/10.2139/ssrn.2149369.

2

Die Bausteine KI-gestützter Preisgestaltung

Einleitung

Stellen Sie sich vor, Sie bauen einen Wolkenkratzer. Jede Entscheidung, die Sie treffen – vom Legen des Fundaments bis zur Fertigstellung des obersten Stocks – muss sorgfältig kalkuliert werden, basierend auf präzisen Messungen und einem soliden Plan. Dasselbe Prinzip gilt für KI-gestützte Preisgestaltung. Bevor Sie ein System schaffen können, das Preisentscheidungen verbessert, ist es unerlässlich, dass alle grundlegenden Elemente vorhanden sind.

In diesem Kapitel werde ich die zentralen Bausteine untersuchen, die KI-Preissysteme ausmachen und antreiben. Von den Daten, die die Algorithmen speisen, über die KI-Modelle bis hin zu den End-to-End-Prozessen, die Preisempfehlungen generieren – jede Komponente ist entscheidend, damit KI ein wertvolles und effektives Werkzeug für Ihr Unternehmen wird. Zusammengefasst möchte ich einen ganzheitlichen Blick darauf bieten, wie Sie Daten und Technologie effektiv nutzen können, um Ihre Unternehmensziele zu erreichen und greifbare, messbare Ergebnisse zu liefern.

Vielleicht haben Sie schon den Spruch „Garbage in, garbage out" gehört – und das gilt für KI in der Preisgestaltung genauso. Ohne hochwertige Daten können selbst die ausgefeiltesten KI-Modelle keine wertvollen Erkenntnisse liefern. Wenn jedoch die richtigen Bausteine zusammenkommen, ist das Transformationspotenzial enorm. KI kann die Nachfrage vorhersagen, Preise in Echtzeit optimieren und Angebote auf eine Weise personalisieren, die früher undenkbar war.

In diesem Kapitel werde ich darauf eingehen, wie Sie dieses Fundament schaffen, die passenden Modelle auswählen, die Herausforderungen bei der Integration von KI in Ihre Preisstrategie meistern und schließlich KI-gestützte Preisgestaltung im Unternehmen institutionalisieren. Der Weg mag herausfordernd erscheinen, aber mit dem richtigen Fundament sind die Möglichkeiten grenzenlos.

Daten: Der Treibstoff für KI in der Preisgestaltung

In der Welt der Preisgestaltung ist das Gleichgewicht zwischen Wert und Profitabilität oder anderen Zielpaaren eine anspruchsvolle Kunst, und Daten sind das entscheidende Werkzeug, das diesen Prozess formt. So wie ein Künstler die richtigen Farben braucht, um ein Meisterwerk zu schaffen, benötigt ein Unternehmen die passenden Daten, um eine wirkungsvolle Preisstrategie zu entwickeln. Ohne diese könnten Ihre Preisentscheidungen orientierungslos sein oder ihre angestrebten Ziele verfehlen. Während KI das Potenzial hat, erhebliche Verbesserungen zu bewirken, ist ihre Wirksamkeit direkt an die Qualität der verwendeten Daten gebunden. Das Prinzip „Garbage in, garbage out" unterstreicht die Bedeutung verlässlicher und präziser Daten in der KI-gestützten Preisgestaltung (Marr 2018).

Doch welche Arten von Daten sind für KI-gestützte Preisgestaltung entscheidend? Wie erhält und verarbeitet man diese Daten? Und wie verwandelt man rohe, oft unstrukturierte Daten in wertvolle, umsetzbare Erkenntnisse? In diesem Abschnitt werde ich auf die grundlegende Rolle eingehen, die Daten in KI-gestützten Preisstrategien spielen, und aufzeigen, wie Unternehmen Daten effektiv nutzen können, um die Vorteile von KI zu maximieren (Binns 2021; Davenport und Ronanki 2018).

Identifikation und Erhebung relevanter Preisdaten

Der Einstieg in eine KI-gestützte Preisstrategie bedeutet, sich auf eine enorme Datenmenge einzulassen. Angesichts dieser Fülle an Informationen könnten Preisverantwortliche datenmüde werden und sich fragen, wo sie anfangen sollen. Entscheidend ist jedoch nicht, jede einzelne Information zu sammeln, sondern die Daten zu identifizieren, die für Preisentscheidungen am relevantesten sind. In diesem Abschnitt konzentriere ich mich auf vier Datentypen, die für den Aufbau einer erfolgreichen KI-Preisstrategie zentral sind.

Transaktionsdaten: Die Grundlage für Erkenntnisse

Im Zentrum KI-gestützter Preisgestaltung stehen Transaktionsdaten wie Verkaufshistorie, verkaufte Mengen, Zeitstempel und Rechnungsaufzeichnungen. Diese Daten bieten einen unschätzbaren Einblick in vergangene Verhaltensweisen am Markt und sind eine der direktesten Möglichkeiten, das Kaufverhalten der Kunden zu verstehen. Durch die Analyse von Transaktionsdaten können Unternehmen die tatsächliche Nachfrage in ihre Preisstrategien einbeziehen.

Transaktionsdaten liefern das wesentliche „Was" und „Wann" und helfen so, das „Wie viel" und „Zu welchem Preis" vorherzusagen. Ein großes Konsumgüterunternehmen analysierte beispielsweise jahrelange Verkaufsdaten, um herauszufinden, wie ihre Premium- und Budgetprodukte auf Preisänderungen reagierten. Dabei stellte sich heraus, dass die Nachfrage nach Premiumprodukten weniger preissensibel war als bei den günstigeren Linien. Infolgedessen passte das Unternehmen seine Preisstrategie an, indem es die Preise für Premiumartikel erhöhte und die günstigen Optionen wettbewerbsfähig hielt. Bereits nach sechs Monaten verzeichnete das Unternehmen einen Gewinnanstieg von 8 % (EY 2023b).

Auch kleinere Unternehmen können von Transaktionsdaten profitieren. Eine Bäckerei in Seattle beispielsweise verzeichnete jeden Dezember einen saisonalen Anstieg beim Cupcake-Verkauf. Zunächst wurde dies als Zufall betrachtet, doch eine genauere Analyse zeigte, dass vor allem Firmenbestellungen zu den Feiertagen der Haupttreiber waren. Durch das Angebot von Mengenrabatten für lokale Unternehmen steigerte die Bäckerei ihren Dezemberumsatz um 25 % – ein Beweis für die Wirkung selbst grundlegender Transaktionsdaten auf das Wachstum.

Die Stärke von Transaktionsdaten liegt in ihrer Fähigkeit, subtile Muster aufzudecken, die auf den ersten Blick nicht erkennbar sind. Diese Datenart kann saisonale Schwankungen sichtbar machen, umsatzstarke Produkte identifizieren und Kaufgewohnheiten aufzeigen, die darauf hindeuten, wann Kunden bereit sind, höhere Preise zu zahlen. So nutzte beispielsweise ein Elektronikhändler Transaktionsdaten, um Spitzenzeiten für die Nachfrage nach Spielekonsolen vorherzusagen. Durch die Anpassung der Preisstrategie an diese Trends – mit leichten Rabatten in nachfrageschwachen Zeiten und Preiserhöhungen bei Nachfragespitzen – optimierte das Unternehmen sowohl Lagerumschlag als auch Gewinnmargen.

Die Aussagekraft von Transaktionsdaten hängt jedoch stark von deren Qualität ab. Rohdaten sind oft fragmentiert, über verschiedene Systeme verteilt und anfällig für Inkonsistenzen und Störungen. Häufige Probleme sind Lücken in der Preishistorie, doppelte Einträge oder unterschiedliche Formate auf verschiedenen Plattformen. Unternehmen müssen daher in die Konsolidierung ihrer Datenquellen und die Sicherstellung der Datenqualität investieren, bevor sie diese in KI-Systeme einspeisen. Nach der Bereinigung und Anreicherung können Transaktionsdaten zu einer der mächtigsten Informationsquellen für Preismanager werden und bieten umsetzbare Erkenntnisse, die eng mit dem Kundenverhalten verknüpft sind.

Mit Transaktionsdaten als Fundament können Unternehmen KI-gestützte Preisstrategien entwickeln, die sowohl präzise als auch anpassungsfähig sind. Ob zur Margenoptimierung, zum Verständnis der Preissensitivität oder zur Prognose von Nachfragespitzen – die Erkenntnisse aus Transaktionsdaten bieten unvergleichliche Klarheit und verwandeln Rohdaten in strategische Intelligenz.

Kundendaten zum Verhalten: Das „Warum" entschlüsseln

Während Transaktionsdaten das „Was" des Kundenverhaltens offenbaren, gehen Verhaltensdaten einen Schritt weiter und entschlüsseln das „Warum" hinter diesen Handlungen. Diese Daten bieten Einblicke in Kundenmotive, Präferenzen und Entscheidungsprozesse. Dazu gehören Informationen wie Surfverhalten, Verweildauer auf bestimmten Produktseiten, Warenkorbabbruchraten und Kennzahlen zur Kundenloyalität. Durch die Integration dieser Daten in die Preisstrategie können Unternehmen von generischen, einheitlichen Modellen zu personalisierten, dynamischen Ansätzen übergehen.

Ein Beispiel: Eine Fitness-App analysierte das Nutzerverhalten. Die Daten zeigten, dass zwar viele Nutzer die Premium-Abos erkundeten, aber nur wenige tatsächlich kauften. Das Unternehmen untersuchte daraufhin Sitzungsdauer, Klickpfade und die Abbruchstellen im Abo-Prozess. Diese Analyse führte zu einer gezielten Kampagne, bei der zögerlichen Nutzern ein Rabatt von 5 US-Dollar auf den ersten Monat angeboten wurde. Das Ergebnis war ein sofortiger Anstieg der Konversionsrate um 15 % und wertvolle Erkenntnisse über die Faktoren, die Kundenentscheidungen beeinflussen (Emerald Insight 2023a, b).

Das Verständnis des „Warum" hinter dem Kundenverhalten eröffnet neue Erkenntnisse. So kann das Surfverhalten aufzeigen, welche Produkte oder Preispunkte zwar Aufmerksamkeit erregen, aber nicht zum Kauf führen – eine Chance, die Produktpositionierung zu optimieren. Warenkorbabbrüche deuten oft auf Preissensitivität oder einen wahrgenommenen Wertmangel beim Checkout hin. Loyalitätskennzahlen helfen Unternehmen zu bewerten, welche Preisstrategien bei Stammkunden ankommen und bilden so eine solide Basis für die Weiterentwicklung langfristiger Preisrichtlinien.

In einem weiteren Fall stellte ein Online-Modehändler eine hohe Warenkorbabbruchrate fest, die mit hohen Versandkosten zusammenhing. Durch die Auswertung der Verhaltensdaten führte das Unternehmen eine Strategie ein, bei der ab einem bestimmten Bestellwert kostenloser Versand angeboten wurde. Dies reduzierte nicht nur die Abbruchrate, sondern steigerte auch den durchschnittlichen Bestellwert um 20 % – ein Beleg für die Wirkung von Verhaltensdaten auf die Preisgestaltung (McKinsey and Company 2023).

Verhaltensdaten erwiesen sich auch für ein SaaS-Unternehmen mit mehreren Abo-Stufen als Goldgrube. Es zeigte sich, dass viele Nutzer der kostenlosen Stufe Premium-Funktionen erkundeten, aber letztlich nicht aufrüsteten. Das Unternehmen reagierte mit einer zeitlich begrenzten Testphase, in der alle Funktionen für Nutzer der Gratisstufe freigeschaltet wurden. Im Anschluss daran führten personalisierte Preisangebote auf Basis des Nutzungsverhaltens zu einer Steigerung der Upgrades um 25 % innerhalb eines Quartals – ein Beweis für den Wert einer Preisgestaltung, die sich am Kundenverhalten orientiert.

Ein weiterer Vorteil von Verhaltensdaten ist die Möglichkeit zu Echtzeitanpassungen. Aktivitäten in sozialen Medien können Stimmungsumschwünge bei Kunden signalisieren, sodass Unternehmen ihre Aktionen oder Preise schnell anpassen können. So bemerkte eine Kosmetikmarke einen Anstieg bei Suchanfragen und Seitenbesuchen, nachdem ein Influencer eines ihrer Produkte vorgestellt hatte. Das Unternehmen nutzte die Gelegenheit und startete einen Flash-Sale, um das gestiegene Interesse direkt in Verkäufe umzuwandeln.

Während Transaktionsdaten vergangenes Verhalten zeigen, offenbaren Verhaltensdaten die dahinterliegenden Denkprozesse. Sie helfen Unternehmen, schwierige Fragen zu beantworten: Warum zögern manche Kunden mit dem Kauf? Was motiviert zu Wiederholungskäufen? Welche Faktoren führen zu Warenkorbabbrüchen? Durch die Verknüpfung dieser Erkenntnisse können Unternehmen ihre Preisstrategien so verfeinern, dass sie die Bedürfnisse und Erwartungen der Kunden besser erfüllen und einen Mehrwert bieten, der als intuitiv und individuell wahrgenommen wird.

Die Integration von Verhaltensdaten in die Preisstrategie führt nicht nur zu höheren Umsätzen, sondern schafft auch Vertrauen und fördert die Kundenbindung. Wenn Kunden erkennen, dass ihre individuellen Präferenzen in Preisangeboten berücksichtigt werden, entsteht ein Gefühl von Fairness und Transparenz. Im Laufe der Zeit verwandelt sich so eine statische Preisstrategie in ein adaptives, kundenzentriertes System, das sich kontinuierlich auf Basis von Echtzeitdaten und Kundenfeedback weiterentwickelt.

Markttrenddaten: Anpassung an externe Einflüsse

Markttrenddaten spielen eine entscheidende Rolle, um sicherzustellen, dass Preisstrategien in einem sich ständig verändernden Umfeld relevant und anpassungsfähig bleiben. Im Gegensatz zu Transaktions- oder Verhaltensdaten, die sich auf individuelle Kundenaktionen konzentrieren, berücksichtigen Markttrenddaten breitere externe Einflüsse wie wirtschaftliche Veränderungen, Wetterbedingungen oder kulturelle Trends. Diese Erkenntnisse ermöglichen es Unternehmen, ihre Preise an Faktoren außerhalb ihres direkten Einflussbereichs anzupassen und so wettbewerbsfähig und im Einklang mit den aktuellen Marktgegebenheiten zu bleiben.

So passte beispielsweise ein Skigebiet in Colorado seine Ticketpreise strategisch an Wetterprognosen an. Bei angekündigten starken Schneefällen – und damit erhöhter Nachfrage – wurden die Preise erhöht, um dem Besucheransturm gerecht zu werden. An sonnigen, schneelosen Wochenenden wurden die Preise gesenkt, um zögerliche Kunden anzulocken. So konnte das Unternehmen die Einnahmen in Spitzenzeiten optimieren und auch in ruhigeren Phasen einen stetigen Besucherstrom sichern. Durch die Anpassung der Preisstrategie an externe Faktoren gelang es, die Profitabilität zu steigern und gleichzeitig die Kundenbindung zu erhalten (KDnuggets 2023a).

Markttrenddaten offenbaren zudem Chancen, die auf den ersten Blick nicht erkennbar sind. Eine globale Schuhmarke nutzte beispielsweise ein internationales Sportereignis, um den Absatz zu steigern. Angesichts des gestiegenen Interesses an einer bestimmten Sportart wurden die Preise für limitierte Editionen erhöht und gleichzeitig gezielte Aktionen für Standardprodukte gestartet. Das Ergebnis: ein Umsatzplus von 17 % während des Events. Diese Strategie ermöglichte es dem Unternehmen, kulturelle Momente zu nutzen und sowohl exklusive als auch zugängliche Preisoptionen anzubieten.

Die Anpassungsfähigkeit von Markttrenddaten zeigt sich branchenübergreifend. So reagierte eine Restaurantkette auf steigende Inflation, indem sie ihre Preisstrategie anhand makroökonomischer Daten anpasste. Sie führte kleinere Portionen zu niedrigeren Preisen ein (im Unterschied zur Shrinkflation) und kombinierte margenstarke Produkte mit Kundenlieblingen, um Erschwinglichkeit zu gewährleisten, ohne die Profitabilität zu gefährden. So konnte das Unternehmen auch in schwierigen Zeiten seine Wettbewerbsfähigkeit verteidigen, indem die Preisgestaltung flexibler an das wirtschaftliche Umfeld angepasst wurde.

Auch Einzelhändler nutzen Markttrenddaten routinemäßig, um ihre Preise an die Verbraucherstimmung zu besonderen Anlässen anzupassen.

Eine Geschenkeladenkette etwa analysierte das Kaufverhalten rund um den Muttertag und setzte dynamische Rabatte ein: Zu Beginn gab es größere Nachlässe, die zum Feiertag hin abnahmen. So wurden frühe Käufe gefördert, während Spätentschlossene zu Premiumpreisen gewonnen werden konnten – eine Optimierung von Timing und Absatzmenge.

Markttrenddaten sind auch bei der Vorbereitung auf unvorhersehbare Ereignisse von unschätzbarem Wert. Fluggesellschaften passen beispielsweise ihre Tarife an Schwankungen der Ölpreise an. Steigen die Treibstoffkosten, werden auf Basis von Marktdaten schrittweise Zuschläge erhoben, um die Profitabilität zu sichern, ohne die Kunden mit drastischen Preiserhöhungen zu verschrecken. Sinken die Treibstoffpreise, ermöglichen diese Erkenntnisse Rabatte, die die Buchungszahlen ankurbeln.

Die Integration von KI in die Analyse von Markttrenddaten verstärkt deren Wirkung zusätzlich. KI-Algorithmen können riesige Datensätze verarbeiten und Muster erkennen, die für Menschen schwer zu erkennen wären. So kombinierte ein globales Logistikunternehmen Markttrenddaten mit KI, um Lieferkettenstörungen durch extreme Wetterereignisse vorherzusagen. Durch die dynamische Anpassung der Preise an erwartete Nachfragespitzen konnte das Unternehmen den Umsatz optimieren und gleichzeitig die Kundenzufriedenheit sichern.

Der besondere Wert von Markttrenddaten liegt darin, Unternehmen zu ermöglichen, proaktiv statt reaktiv zu agieren. Durch die Nutzung externer Erkenntnisse können Unsicherheiten in Chancen verwandelt und Preisstrategien an saisonale Schwankungen, wirtschaftliche Bedingungen und kulturelle Ereignisse angepasst werden. So wird nicht nur sichergestellt, dass die Preisgestaltung reaktionsschnell und relevant bleibt, sondern auch das Vertrauen der Kunden gestärkt, indem bei jeder Transaktion ein spürbarer Mehrwert geboten wird.

Überwindung von Datenherausforderungen

Die Erhebung der richtigen Daten ist ein entscheidender erster Schritt, um KI für die Preisgestaltung zu nutzen. Dieser Prozess ist jedoch oft überwältigend. Rohdaten sind typischerweise fragmentiert, unstrukturiert und umfangreich, was Unternehmen vor erhebliche Herausforderungen stellt. Selbst die fortschrittlichsten KI-Systeme sind nur so effektiv wie die Daten, auf denen sie basieren, weshalb das Datenmanagement einen grundlegenden Schritt darstellt. Die frühzeitige Bewältigung dieser Probleme ist entscheidend, um sicherzustellen, dass KI-gestützte Preisentscheidungen robust, umsetzbar und wertvoll für das Unternehmenswachstum sind.

Sicherstellung der Datenqualität

Ohne verlässliche Daten können selbst die fortschrittlichsten KI-Algorithmen keine wertvollen Erkenntnisse liefern. Ungenaue, unvollständige oder inkonsistente Daten können Prognosen verfälschen und zu schlechten Preisentscheidungen führen. Beispielsweise könnte ein Einzelhändler, der während der umsatzstarken Feiertage Preise auf Basis fehlerhafter Daten anpasst, entweder Kunden für gefragte Produkte übermäßig belasten oder Chancen verpassen, von Nachfragespitzen zu profitieren.

Die Sicherstellung einer angemessenen Datenqualität ist vielleicht nicht der glamouröseste Aspekt der Preisgestaltung, aber sie ist zweifellos unerlässlich. Die Bereinigung von Daten umfasst Aufgaben wie das Entfernen von Duplikaten, das Beheben fehlender Einträge und die Standardisierung von Formaten. Ein häufiges Problem entsteht, wenn verschiedene Systeme Daten in unterschiedlichen Formaten erfassen, etwa bei Datums- und Preisangaben. So kann eine Plattform den Dezimalpunkt ($39.99) verwenden, während eine andere das Dezimalkomma ($39,99) nutzt, was bei der Analyse zu erheblichen Problemen führen kann. Ein internationaler Einzelhändler machte diese Erfahrung, als Inkonsistenzen in den Datenformaten zu fehlerhaften Preisempfehlungen führten, was sowohl zu Umsatzeinbußen als auch zu unzufriedenen Kunden führte.

Tools wie die pandas-Bibliothek von Python können diesen Prozess auch bei großen Datensätzen automatisieren und vereinfachen. Durch die Sicherstellung der Genauigkeit und Konsistenz der Daten können Unternehmen eine solide Grundlage für ihre KI-gestützten Preisstrategien schaffen und gewährleisten, dass die aus den Daten gewonnenen Erkenntnisse sowohl zuverlässig als auch umsetzbar sind. So können Unternehmen bei der Datenbereinigung vorgehen:

```
import pandas as pd

# Unstrukturierte Daten laden
df = pd.read_csv('pricing_data.csv')

# Duplikate entfernen
df = df.drop_duplicates()

# Dezimalkommas in Dezimalpunkte in der Spalte 'price' umwandeln
if df['price'].dtype == 'object':    # Prüfen, ob die Spalte Zeichenketten enthält
```

```
df['price']      =     df['price'].str.replace(',',    '.',
regex=False)

# Die Spalte 'price' in numerische Werte umwandeln
df['price'] = pd.to_numeric(df['price'], errors='coerce')

# Fehlende Preise mit dem Durchschnittswert auffüllen
df['price'] = df['price'].fillna(df['price'].mean())

print("Bereinigte Daten:", df.head())
```

Die Zeit, die in die Bereinigung und Standardisierung von Daten investiert wird, ist eine lohnende Investition, da sie eine stabile Grundlage für KI-Modelle schafft. Auch wenn dieser Prozess mühsam erscheinen mag, ist er entscheidend, um die Genauigkeit der von KI-Systemen generierten Erkenntnisse sicherzustellen und Vertrauen in die Technologie zu schaffen, wodurch kostspielige Fehler bei Entscheidungen vermieden werden. Ein häufiges Problem, mit dem Organisationen konfrontiert sind, ist fragmentierte Datenhaltung. Unternehmen arbeiten oft mit isolierten Systemen in Abteilungen wie Vertrieb, Marketing, Lager und Finanzen, die nur begrenzt integriert sind. Diese Silos erschweren es, einen umfassenden Datensatz zu erstellen, der die gesamte Customer Journey abbildet. So kann das Vertriebsteam Transaktionen erfassen, während das Marketingteam die Performance von Aktionen verfolgt, aber keines hat Zugriff auf die Daten des anderen. Die Integration dieser unterschiedlichen Quellen gleicht dem Lösen eines komplexen Puzzles, doch der Gewinn ist die dringend benötigte Fähigkeit, präzisere und vollständigere Preiserkenntnisse zu generieren.

Ein Unternehmen aus der Unterhaltungselektronikbranche stand vor diesem Problem, als seine Online- und Filialumsätze getrennt verwaltet wurden. Diese Fragmentierung führte zu uneinheitlichen Preisstrategien. Durch die Konsolidierung der Daten auf einer einheitlichen Plattform entdeckte das Unternehmen einen interessanten Trend: Blitzverkäufe erzielten online bessere Ergebnisse, während kontinuierliche Rabatte für Filialkunden effektiver waren. Diese Erkenntnis ermöglichte es, die Preisstrategien je nach Vertriebskanal anzupassen und so den Umsatz zu steigern.

Die Bewältigung großer Datenmengen ist eine weitere Herausforderung in der heutigen datenreichen Welt. Angesichts der riesigen verfügbaren Datenmengen können Unternehmen leicht den Überblick verlieren oder sich auf irrelevante Kennzahlen konzentrieren. KI profitiert zwar von großen Datensätzen, doch mehr Daten sind nicht immer besser. Die effiziente Verarbeitung großer Datenmengen erfordert skalierbare Tools wie Apache Spark oder Cloud-Plattformen wie AWS und Azure. Um einer Datenflut zu entgehen, sollten Unternehmen bewusst Qualität vor Quantität stellen. Die Konzentration auf die wirkungsvollsten Datensätze, wie Verkaufsverläufe und Kundenverhalten, ermöglicht es, klein zu starten und mit zunehmender Reife des Systems zu skalieren. Dieser Ansatz macht den Prozess überschaubarer und stellt sicher, dass die ersten Erkenntnisse umsetzbar und relevant sind.

Die Überwindung dieser Herausforderungen bedeutet nicht nur die Lösung technischer Probleme. Es geht vielmehr darum, eine Kultur datenbasierter Entscheidungsfindung zu etablieren. Durch Investitionen in saubere, konsolidierte und hochwertige Daten können Unternehmen eine solide Grundlage für KI-gestützte Preisstrategien schaffen, die messbare Ergebnisse liefern. Zugegeben, der erforderliche Aufwand kann beträchtlich sein. Die Belohnungen – wie präzise Erkenntnisse, optimierte Margen und ein Wettbewerbsvorteil – sind es jedoch wert. Mit der richtigen Dateninfrastruktur können Unternehmen ihre Daten in einen strategischen Vermögenswert verwandeln und die Preisgestaltung von einer Kunst zu einer Wissenschaft machen.

Integration unterschiedlicher Datenquellen

Das Zusammenführen von Daten aus organisatorischen Silos gleicht dem Versuch, Puzzleteile aus verschiedenen Sets zusammenzufügen. Jede Abteilung – ob Vertrieb, Marketing, Lager oder Lieferkette – verwaltet ihre Daten in eigenen Systemen mit unterschiedlichen Strukturen, Definitionen, Detaillierungsgraden und Formaten. Dieser Silo-Ansatz vermittelt ein verzerrtes Bild und erschwert die Entwicklung kohärenter Preisstrategien. Für Unternehmen, die KI-gestützte Preismodelle und datenbasierte Entscheidungsfindung voll ausschöpfen möchten, ist es unerlässlich, eine praktikable Lösung für diese Integrationsherausforderungen zu finden.

Ein Beispiel: Ein Einzelhändler, der sowohl Online- als auch Filialgeschäfte betreibt. Anfangs arbeiteten die Teams unabhängig voneinander und konzentrierten sich jeweils auf ihre eigenen Datenströme. Das Online-Team verfolgte Website-Traffic und Konversionsraten, während das Filialteam Kundenfrequenz und Regalplatzierung überwachte. Ohne Zusammenarbeit oder geteilte Erkenntnisse existierten diese beiden Datenströme nebeneinander, ohne sich zu überschneiden. Erst als der Einzelhändler beschloss, diese Datensätze zusammenzuführen, zeigte sich ein bedeutender Trend: Blitzverkäufe waren online deutlich effektiver, während Filialkunden besser auf kleinere, kontinuierliche Rabatte reagierten. Diese Erkenntnis ermöglichte es dem Einzelhändler, seine Preisstrategie kanalübergreifend anzupassen und so sowohl die Rentabilität als auch die Kundenbindung zu steigern (Microsoft Azure 2023).

Leider ist die Integration von Daten nicht so einfach wie das Zusammenführen von Dateien aus verschiedenen Systemen. Jede Abteilung verwendet in der Regel unterschiedliche Formate oder Definitionen zur Erfassung wichtiger Kennzahlen. Beispielsweise kann eine Abteilung Umsätze nach Kalendermonaten erfassen, während eine andere auf Quartalsbasis arbeitet. Diese Diskrepanzen müssen behoben werden, um einen einheitlichen Datensatz zu schaffen, der mit den Gesamtzielen des Unternehmens übereinstimmt. Auch wenn dieser Prozess zeitaufwendig und komplex sein kann, sind die Vorteile erheblich und nachhaltig.

Moderne Datenintegrationsplattformen wie Snowflake und AWS bieten sich als nützliche Werkzeuge an. Snowflake ermöglicht einen nahtlosen Datenaustausch zwischen Abteilungen und bietet einen zentralen Knotenpunkt, an dem Daten aus Vertrieb, Marketing und Lager einfach integriert werden können. Ebenso stellt AWS eine skalierbare Infrastruktur bereit, die die Komplexität beim Zusammenführen großer Datensätze bewältigen kann, sodass Unternehmen auch bei wachsendem Datenvolumen genaue und konsistente Daten als Ganzes erhalten.

Erfolgreiche Datenintegration basiert auf einer kooperativen Denkweise in den Teams. Die Teams müssen bereit sein, Silos aufzubrechen und ihre Ziele aufeinander abzustimmen, damit die Daten eine konsistente Geschichte erzählen. Ein Konsumgüterunternehmen organisierte beispielsweise abteilungsübergreifende Workshops, um zentrale Kennzahlen wie Verkaufsgeschwindigkeit und Promotionserfolg zu standardisieren. Diese Zusammenarbeit führte nicht nur zu einem einheitlichen Datensatz, sondern auch zu einem gemeinsamen Verständnis von Erfolg im gesamten Unternehmen.

Die Vorteile der Integration gehen über die Preisgestaltung hinaus. Durch die Einspeisung der Daten in einen einzigen, umfassenden Daten-Hub gewinnen Unternehmen tiefere Einblicke und können ihre Strategien gezielter ausrichten. So kombinierte ein Elektronikhändler Lagerbestandsdaten mit Verkaufstrends, um Produktengpässe in Spitzenzeiten vorherzusehen. Durch rechtzeitige Preis- und Nachbestellungsanpassungen konnten sie Engpässe vermeiden, die Kundenzufriedenheit sichern und gleichzeitig den Umsatz maximieren.

Trotz aller Vorteile kann sich die Datenintegration als nervenaufreibende Aufgabe erweisen. Altsysteme verfügen oft nicht über die notwendigen Funktionen für einen reibungslosen Datenaustausch, sodass Umgehungslösungen oder Upgrades erforderlich sind, um eine reibungslose

Kommunikation zu ermöglichen. Moderne Tools erleichtern zwar die technische Integration. Dennoch ist es häufig der kulturelle Widerstand innerhalb der Organisation, der den Fortschritt bremst. Teams, die es gewohnt sind, in Silos zu arbeiten, zögern oft, Daten zu teilen, aus Angst, Kontrolle oder Einfluss zu verlieren. Diese Hürden lassen sich nur durch klare Kommunikation über die Vorteile der Integration überwinden – sowohl für den Unternehmenserfolg als auch für die individuellen Ziele der Abteilungen.

Die Integration unterschiedlicher Datenquellen ist zweifellos ein komplexer Prozess, doch die Vorteile sind erheblich. Ein einheitlicher Datensatz versetzt Unternehmen in die Lage, genauere Preismodelle zu entwickeln und fördert eine Kultur der Zusammenarbeit und datenbasierten Entscheidungsfindung. Bei erfolgreicher Umsetzung verwandelt die Datenintegration isolierte, fragmentierte Einzelteile in ein vollständiges, kohärentes Gesamtbild und verschafft Unternehmen die Klarheit, um in wettbewerbsintensiven, sich schnell entwickelnden Märkten zu bestehen.

Umgang mit Datenvolumen

Die Verwaltung großer Datensätze für KI-gestützte Preisstrategien ist vergleichbar mit dem Durchqueren eines dichten, überwucherten Dschungels. Auch wenn das Potenzial, riesige Datenmengen zu nutzen, faszinierend ist, sollte man nicht vergessen, dass mehr Daten nicht zwangsläufig zu besseren Ergebnissen führen – insbesondere, wenn diese Daten unstrukturiert, redundant oder irrelevant sind. Die eigentliche Herausforderung besteht darin, große Datenmengen zu nutzen und dabei die Systemeffizienz zu wahren und sicherzustellen, dass die gewonnenen Erkenntnisse umsetzbar bleiben (Liu et al. 2018).

Tools wie Apache Spark und Snowflake sind hilfreich bei der Verarbeitung und Verwaltung großer Datensätze. Apache Spark kann beispielsweise Terabytes an Daten parallel analysieren und ist damit für Unternehmen mit umfangreichen Datensätzen von unschätzbarem Wert. Die Cloud-Infrastruktur von Snowflake bietet hingegen bedarfsgerechte Skalierbarkeit, sodass Unternehmen auch bei plötzlichen Datenzuwächsen problemlos agieren können. Mit diesen Tools lassen sich potenziell überwältigende Datenströme in handhabbare und aufschlussreiche Ressourcen verwandeln (Bae et al. 2023).

Die Möglichkeit, große Datenmengen zu verarbeiten, bedeutet jedoch nicht, dass Unternehmen dies um jeden Preis tun sollten. Ein kleiner Anfang ist hilfreich, um den Fokus und die Übersicht zu behalten. Ein kleiner, gezielter Datensatz liefert oft umsetzbarere Erkenntnisse als ein weitläufiger, unstrukturierter. So konzentrierte sich ein internationaler Einzelhändler während der Pilotphase seiner KI-Initiative auf Verkaufsdaten aus den umsatzstärksten Regionen. Dieser Ansatz ermöglichte es dem Unternehmen, seine Algorithmen zu verfeinern und messbare Erfolge zu erzielen, bevor die KI-Modelle auf weitere Märkte ausgeweitet wurden (Emerald Insight 2023a, b).

Das Datenmanagement lässt sich mit der Pflege eines Gartens vergleichen. Wer alles auf einmal pflanzt, wird schnell überfordert und erzielt ungleichmäßige Ergebnisse. Indem sich Unternehmen zunächst auf einige wenige, besonders wirkungsvolle Datensätze wie Verkaufsdaten und Kundenverhalten konzentrieren, schaffen sie eine solide Basis für spätere, komplexere Analysen. Im Laufe der Zeit können sie schrittweise weitere Datenquellen wie Markttrends und Wettbewerbsinformationen einbeziehen, sobald das System gereift ist (Liu et al. 2018).

Ein weiterer wichtiger Aspekt ist die Sicherstellung, dass die aus den Daten gewonnenen Erkenntnisse praktisch und relevant sind. Zu viele Daten können zu einer Analyseblockade führen, bei der Entscheidungsträger von Optionen überwältigt werden. Beispielsweise kann die Fokussierung auf Nischenproduktsegmente mit geringen Umsätzen Teams von wichtigeren Erkenntnissen ablenken, die die Preisstrategie direkt beeinflussen. Die Konzentration auf die Daten, die die Geschäftsentscheidungen vorantreiben, stellt sicher, dass KI-Initiativen effektiv bleiben und nicht durch unnötige Komplexität ausgebremst werden (Jain und Sharma 2021). Selbst mit den besten Tools bringen große Datensätze zwangsläufig technische Herausforderungen mit sich. Speicherbedarf, Verarbeitungsgeschwindigkeit und Systemkompatibilität sollten frühzeitig berücksichtigt werden.

Letztlich geht es beim Management von Datenvolumen nicht nur um Technologie. Häufig ist vielmehr strategisches Denken gefragt. Zu wissen, wann man skalieren und wann man sich auf die wirkungsvollsten Datensätze konzentrieren sollte, unterscheidet erfolgreiche KI-Initiativen von solchen, die an zu vielen Daten scheitern. Mit skalierbaren Tools und der Priorisierung hochwertiger Datensätze können Unternehmen Big Data in einen strategischen Vorteil verwandeln, intelligentere und effizientere Preisstrategien entwickeln und sich in einer zunehmend datengetriebenen Welt einen Wettbewerbsvorteil sichern.

Warum es letztlich zählt

Daten erzählen die Geschichte Ihres Unternehmens. Jede Transaktion, jeder Klick und jeder abgebrochene Warenkorb ist ein Teil dieser Geschichte, der darauf wartet, analysiert und verstanden zu werden. Künstliche Intelligenz (KI) bietet die Werkzeuge, um diese Erzählungen zu entschlüsseln, doch die Klarheit und Genauigkeit der Geschichte hängen vollständig von der Qualität und Relevanz der in das System eingespeisten Daten ab. Daten zu sammeln reicht nicht aus; sie müssen kuratiert, veredelt und auf die Unternehmensziele ausgerichtet werden, um wirksam zu sein (Chen et al. 2020).

Betrachten Sie Ihre Daten als die Rohzutaten für ein Gourmetgericht. Selbst der beste Koch kann kein Meisterwerk mit verdorbenen oder unpassenden Zutaten schaffen. Ebenso kann ein KI-Modell keine wertvollen Erkenntnisse liefern, wenn es mit fragmentierten, inkonsistenten oder irrelevanten Daten arbeitet. Die Sicherstellung, dass Ihre Daten sauber und strukturiert sind, ist entscheidend, um die Grundlage für eine optimale KI-Leistung zu schaffen.

Die Bedeutung der Bereinigung unstrukturierter Daten kann nicht genug betont werden. Ein mittelständischer Einzelhändler machte diese Erfahrung selbst. Nach der Einführung eines KI-gestützten Preistools stellte das Unternehmen fest, dass dessen Prognosen ungenau waren. Das Problem lag an doppelten Einträgen und uneinheitlichen Formaten in den Datensätzen. Durch Investitionen in die Datenbereinigung und Standardisierung begann das Preistool, umsetzbare Erkenntnisse zu liefern, die die Entscheidungsfindung verbesserten. Dieser anfängliche Rückschlag wurde zu einem Schlüsselfaktor für den Erfolg und unterstrich den Wert sorgfältig aufbereiteter Daten.

Die Erfahrung zeigt, dass die Schwierigkeit bei der Integration unterschiedlicher Datenquellen oft unterschätzt wird. Zahlreiche Unternehmen kämpfen mit isolierten Datensilos, in denen verschiedene Abteilungen wie Vertrieb, Marketing und Lagerhaltung auf eigene Systeme setzen, die nicht miteinander kommunizieren. Die Integration dieser Systeme gleicht oft einem komplexen Puzzle, doch der Nutzen ist enorm. So integrierte beispielsweise ein Logistikunternehmen Daten aus dem Flottenmanagement und den Kundenbestellungen und gewann eine entscheidende Erkenntnis: Verspätete Lieferungen beeinflussten die Preissensitivität der Kunden. Durch die Abstimmung der Preisgestaltung auf die Lieferzeiten konnte das Unternehmen die Kundenzufriedenheit steigern und den Umsatz auch in Spitzenzeiten stabil halten (KDnuggets 2023b).

Das Datenvolumen wächst im digitalen Zeitalter exponentiell. Unternehmen generieren riesige Mengen an Daten, doch nicht alle sind für Preisentscheidungen relevant. Es ist ratsam, sich auf die wirkungsvollsten Datensätze zu konzentrieren. Ein globaler Elektronikhändler etwa startete seine KI-Preisinitiative, indem er sich auf zwei Hauptkennzahlen konzentrierte:

Verkaufshistorie und Wettbewerberpreise. Dieser gezielte Ansatz ermöglichte schnelle Erfolge, stärkte das Vertrauen in das System und erlaubte es, das Modell anschließend auf komplexere Daten auszuweiten (Emerald Insight 2023a, b).

Warum ist das alles wichtig? Nur wenn diese Herausforderungen gemeistert werden, können Unternehmen das volle Potenzial ihrer Daten ausschöpfen. Saubere, integrierte und gut verwaltete Datensätze bilden die Grundlage für KI-Systeme, die umsetzbare Erkenntnisse liefern. Solche Systeme ermöglichen es Unternehmen, von reaktiven Anpassungen zu proaktiven Strategien überzugehen und Kundenbedürfnisse sowie Markttrends vorherzusehen, bevor sie eintreten.

Investitionen in qualitativ hochwertige Daten schaffen zudem Vertrauen – sowohl innerhalb des Unternehmens als auch bei den Kunden. Wenn Mitarbeitende sehen, dass KI-Systeme auf verlässlichen, hochwertigen Daten basieren, steigt die Akzeptanz. Auch Kunden bemerken, wenn Preise fair und personalisiert erscheinen, was Transparenz und Loyalität fördert. Im nächsten Abschnitt wird erläutert, wie KI-Technologien Rohdaten in umsetzbare Preisstrategien verwandeln und so intelligentere und wettbewerbsfähigere Preisentscheidungen ermöglichen (Chen et al. 2020).

KI-Technologien revolutionieren die Preisgestaltung

KI hat die Preisgestaltung revolutioniert und sie von einer reaktiven Funktion zu einer proaktiven, strategischen Disziplin weiterentwickelt. Früher basierten Preisentscheidungen oft auf Intuition, manuellen Berechnungen oder starren Regeln. Heute ermöglicht KI Unternehmen, über diese traditionellen Methoden hinauszugehen, Trends vorherzusagen, Strategien zu personalisieren und Preise in Echtzeit anzupassen. Dadurch ist die Preisgestaltung nicht nur präziser, sondern auch dynamisch und stärker an den Kundenbedürfnissen ausgerichtet.

Im Zentrum dieses Paradigmenwechsels stehen fortschrittliche Algorithmen und innovative Technologien. Grundlegende Werkzeuge wie Maschinelles Lernen (ML) und Natural Language Processing (NLP) bilden das Fundament für prädiktive Analysen und die Auswertung von Kundenstimmungen. Generative KI (Gen AI) und Reinforcement Learning (RL) gehen noch einen Schritt weiter und bringen ein neues Maß an Kreativität und Anpassungsfähigkeit in Preisstrategien. Diese Technologien prägen bereits maßgeblich, wie Unternehmen in Branchen wie Einzelhandel, Reise und Abonnementdienste ihre Preisgestaltung angehen (Brynjolfsson und McAfee 2017; Lee et al. 2021).

Das Feld der KI entwickelt sich mit spannenden Fortschritten weiter, die die Möglichkeiten der Preisgestaltung erweitern. So adressiert beispielsweise Explainable AI (XAI) das Thema Vertrauen – einen der größten Hemmschuhe bei der KI-Einführung – indem sie die Entscheidungsprozesse von KI-Modellen transparenter macht. Dadurch können Preisentscheidungen nicht nur gegenüber internen Stakeholdern, sondern auch gegenüber Kunden nachvollziehbar begründet werden (Gilpin et al. 2018). Darüber hinaus ermöglicht die Generierung synthetischer Daten Unternehmen, KI-Modelle ohne die Einschränkungen unvollständiger oder sensibler Datensätze zu trainieren, was Datenschutzbedenken adressiert und gleichzeitig eine robuste Modellleistung fördert (Choi et al. 2021). Techniken wie Low Rank Adaptation (LoRA) erleichtern es, KI-Modelle auch mit begrenzten Rechenressourcen gezielt für spezifische Preissituationen zu optimieren.

All diese Technologien zusammen bilden ein leistungsstarkes Ökosystem, das die Preislandschaft grundlegend verändert. Sie ermöglichen es Unternehmen, effizient zu experimentieren, Innovationen voranzutreiben und sich flexibel an Marktveränderungen anzupassen – auf eine Weise, die früher undenkbar war. In den folgenden Abschnitten gebe ich einen Überblick über diese Technologien, erläutere ihre Funktionsweise, praktische Anwendungen und die besonderen Vorteile, die sie für Preisstrategien bieten. Ob Sie ein erfahrener Pricing-Experte oder neu im Bereich KI sind – diese Werkzeuge bieten einen Einblick in die Zukunft intelligenter und flexibler Entscheidungsfindung.

Maschinelles Lernen (ML): Prädiktive Analytik und Preisoptimierung

Maschinelles Lernen (ML) bildet das Fundament KI-gestützter Preisstrategien und bietet einen dynamischen Ansatz, den traditionelle Modelle nicht leisten können. Im Gegensatz zu klassischen statistischen Modellen, die auf festen Zusammenhängen beruhen und statische Prognosen liefern, passt sich ML an veränderte Marktbedingungen an, erkennt verborgene Muster und ermöglicht es Unternehmen, ihre Preisstrategien in Echtzeit anzupassen, um sowohl den Umsatz als auch die Kundenzufriedenheit zu steigern (Bertsimas und Kallus 2020).

Vereinfacht gesagt, verwandelt ML riesige Datenmengen in aussagekräftige Erkenntnisse. Es geht nicht nur um das Verarbeiten von Zahlen. Vielmehr entwirrt ML die komplexen Zusammenhänge zwischen Faktoren wie Nachfrage, Wettbewerb, Saisonalität und Kundenpräferenzen. Im Gegensatz zu statischen Modellen, die auf vordefinierten Annahmen beruhen, entwickeln sich ML-Modelle kontinuierlich mit dem Eintreffen neuer Daten weiter und sind damit ideal für die heutigen schnelllebigen Märkte geeignet (Choi et al. 2021).

Eine Hauptanwendung von ML in der Preisgestaltung ist die prädiktive Preisfindung. ML-Modelle können beispielsweise Nachfrageschwankungen prognostizieren, sodass Unternehmen ihre Preise entsprechend anpassen und so den Umsatz maximieren und kostspielige Folgen wie Ausverkäufe oder Überbestände minimieren können. Ein Einzelhändler, der sich auf die Weihnachtssaison vorbereitet, verlässt sich nicht mehr auf Schätzungen, sondern nutzt ML, um vergangene Verkaufsdaten zu analysieren, vorherzusagen, welche Artikel besonders gefragt sein werden, und die Preise entsprechend festzulegen. So werden Lagerbestände optimal gesteuert, der Umsatz gesteigert und die Kundenzufriedenheit erhöht (Chen und Zhao 2019).

Ein weiteres wirkungsvolles Einsatzgebiet von ML ist die Analyse der Preiselastizität. Durch die Auswertung, wie Preisänderungen die Nachfrage beeinflussen, hilft ML Unternehmen, den optimalen Preispunkt zu identifizieren, an dem der Umsatz maximiert wird, ohne preissensible Kunden zu verlieren. Ein Getränkehersteller fand mithilfe von ML beispielsweise heraus, dass eine Preiserhöhung von 3 % bei seiner Premium-Linie die Nachfrage kaum beeinflusste, aber die Gewinnmarge deutlich steigerte (Datamatics 2024).

Auch für dynamische Bündelungen setzen Einzelhändler ML ein: Es werden häufig gemeinsam gekaufte Produktkombinationen identifiziert und optimierte Preise für diese Bundles vorgeschlagen. Eine E-Commerce-Plattform stellte etwa fest, dass Kunden oft kabellose Kopfhörer zusammen mit Handyhüllen kauften. Durch das Bündeln dieser Artikel und einen kleinen Rabatt konnte der durchschnittliche Bestellwert um 20 % gesteigert werden – ein Gewinn für Unternehmen und Kunden gleichermaßen (Johnson et al. 2020).

Die Auswirkungen von ML auf die Preisgestaltung zeigen sich zunehmend in der Praxis. So setzte ein internationaler Modehändler ML ein, um die Nachfrage nach saisonaler Kleidung zu prognostizieren – unter Einbeziehung historischer Verkaufsdaten, aktueller Trends und Wetterprognosen. Durch die Anpassung der Preisstrategie auf Basis dieser Vorhersagen stieg der saisonale Umsatz um 15 %, was verdeutlicht, wie ML prädiktive Erkenntnisse in profitable Ergebnisse umwandeln kann (EY 2023a).

Technischer Einblick

Die prädiktive Stärke von ML beginnt häufig mit Regressionsmodellen, die sich besonders für die Preisoptimierung eignen. Diese Modelle analysieren Zusammenhänge zwischen Variablen wie Nachfrage, Kosten und Wettbewerberpreisen, um den optimalen Preis für ein Produkt vorherzusagen. Nachfolgend ein Beispiel, wie dies in Python umgesetzt werden kann:

```python
from sklearn.linear_model import LinearRegression
from sklearn.model_selection import train_test_split
import pandas as pd

# Load data
data = pd.read_csv("pricing_data.csv")
X = data[['demand', 'competitor_price', 'cost']]
y = data['optimal_price']

# Train/test split
    X_train, X_test, y_train, y_test = train_test_split(X, y, test_size=0.2, random_state=42)

# Train the regression model
model = LinearRegression()
model.fit(X_train, y_train)

# Predict prices
predicted_prices = model.predict(X_test)
print("Predicted Prices:", predicted_prices)
```

Dieses einfache Regressionsmodell zeigt beispielhaft, wie Unternehmen Preise auf Basis zentraler Variablen prognostizieren können. Mit zunehmender Datenmenge verbessert sich das Modell kontinuierlich und passt sich neuen Trends und Marktbedingungen an.

Blick in die Zukunft

Die Rolle von ML in der Preisgestaltung entwickelt sich stetig weiter. Über prädiktive Preisfindung, Elastizitätsanalysen und Bündelungen hinaus verschieben fortgeschrittene Methoden wie Deep Learning und Reinforcement Learning die Grenzen des Machbaren. So können neuronale Netze noch komplexere Zusammenhänge zwischen Variablen analysieren, während

Reinforcement Learning Echtzeit-Preisänderungen auf Basis unmittelbaren Feedbacks ermöglicht. Diese Fortschritte läuten eine Zukunft ein, in der Preisstrategien nicht nur datengetrieben, sondern auch autonom und adaptiv sind.

Durch die Nutzung der Möglichkeiten von ML können Unternehmen im Wettbewerb die Nase vorn behalten und Preise anbieten, die sowohl den Marktgegebenheiten als auch den Kundenerwartungen entsprechen. Ob kleines Unternehmen oder multinationaler Konzern – ML liefert die Werkzeuge, um die Preisgestaltung von einer reaktiven Aufgabe zu einer zukunftsorientierten Wachstumsstrategie zu transformieren.

Natural Language Processing (NLP): Kundenstimmung und Nachfragetreiber verstehen

Natural Language Processing (NLP) ermöglicht es KI-Systemen, menschliche Sprache zu verstehen und zu interpretieren, indem große Mengen unstrukturierter Texte in aussagekräftige Erkenntnisse umgewandelt werden. Von Kundenrezensionen über Social-Media-Beiträge bis hin zu Support-Tickets – diese oft als ungeordnet betrachteten Datenquellen enthalten wertvolle Informationen darüber, wie Verbraucher Produkte, Dienstleistungen und Preise wahrnehmen. Durch den Einsatz von NLP können Unternehmen diese Daten nutzen, um Kundenmotive, Markttrends und den wahrgenommenen Wert ihrer Angebote besser zu verstehen.

Tatsächlich fungiert NLP als Brücke zwischen menschlichem Ausdruck und maschineller Analyse. Es entschlüsselt die Feinheiten des Kundenfeedbacks und wandelt sie in Muster um, die von Maschinen ausgewertet werden können. Diese Fähigkeit ist besonders nützlich für Preisstrategien, bei denen das Erfassen der Kundenstimmung über Erfolg oder Misserfolg eines Ansatzes entscheiden kann. So kann NLP beispielsweise bewerten, ob Kunden ein Produkt als „zu teuer" oder „mit großem Mehrwert" wahrnehmen und Stimmungsänderungen in Bezug auf bestimmte Merkmale oder Aspekte der Preisstruktur aufdecken. Diese Erkenntnisse liefern Unternehmen umsetzbare Informationen, wie sie ihre Preisgestaltung an die Erwartungen der Kunden anpassen können (Joulin et al. 2017).

Eine der Hauptanwendungen von NLP im Pricing ist die Sentiment-Analyse. Durch die Auswertung von Kundenfeedback kann NLP Emotionen und Meinungen zu Preisen quantifizieren. So analysierte beispielsweise ein Online-Marktplatz mit NLP Tausende von Bewertungen und stellte fest, dass ein erheblicher Teil der Kunden die Premium-Produkte als überteuert empfand. Mit diesem Wissen passte das Unternehmen seine Preiskategorien an die Kundenerwartungen an, was zu einer Steigerung der Zufriedenheitswerte um 20 % führte (IBM 2023). Dieser Fall zeigt, wie NLP Unternehmen dabei helfen kann, Schwachstellen in ihrer Preisstrategie aufzudecken und diese durch eine stärkere Ausrichtung an der Kundenstimmung zu beheben.

NLP spielt auch eine entscheidende Rolle bei der Trend-Erkennung. Durch das Scannen von Social Media, Foren und Blogs kann es Trends identifizieren, die Preisentscheidungen beeinflussen könnten. So kann NLP beispielsweise Online-Diskussionen analysieren, um Veränderungen in der Kundenstimmung bezüglich Produktmerkmalen aufzudecken. Liu et al. (2018) zeigten, wie die Analyse von Textdaten zu umsetzbaren Erkenntnissen führen kann.

Betrachten wir eine Kosmetikmarke, die NLP einsetzte, um Online-Gespräche rund um eine neue Produkteinführung zu analysieren. Die Analyse zeigte, dass Verbraucher zunehmend auf Umweltfreundlichkeit und Nachhaltigkeit achten. Mit diesem Wissen konnte das Unternehmen schnell reagieren und die nachhaltigen Inhaltsstoffe in der Marketingkommunikation hervorheben. Zudem erkannte das Unternehmen, dass Kunden umweltfreundliche Produkte als Premium wahrnahmen, und strukturierte die Preisstrategie um, indem ein gestaffeltes Preismodell eingeführt wurde. Für Standardprodukte blieben die Preise unverändert, während für Produkte mit nachhaltigen Inhaltsstoffen eine Premium-Kategorie mit leicht erhöhtem Preis eingeführt wurde. Die transparente Kommunikation der Umweltvorteile rechtfertigte den Preisunterschied, was zu einem Umsatzanstieg von 15 % führte. Dieser Fall zeigt, wie NLP-gestützte Trendanalysen Preisstrategien direkt beeinflussen können, sodass sie mit sich wandelnden Verbraucherwerten und Marktnachfragen im Einklang bleiben.

Was NLP besonders auszeichnet, ist die Fähigkeit, enorme Mengen an Text schnell und effizient zu verarbeiten und zu analysieren. Traditionelle Methoden wie Umfragen und Fokusgruppen bieten nur eine statische Momentaufnahme der Kundenstimmung, während NLP Unternehmen ermöglicht, in Echtzeit Einblicke aus laufendem Feedback zu gewinnen. So überwachte beispielsweise ein Einzelhändler während einer Werbeaktion mit NLP die Kundenreaktionen auf Rabatte. Als sich negatives Feedback zu einer bestimmten Produktkategorie in den sozialen Medien verbreitete, passte der Händler seine Aktion umgehend an, verhinderte potenzielle Unzufriedenheit und steigerte den Gesamterfolg der Kampagne (Chen et al. 2020).

Diese Anwendungsbeispiele zeigen, wie NLP im Pricing zum Game Changer werden kann, indem Unternehmen das Kundenverhalten besser verstehen, schnell auf Marktveränderungen reagieren und gezieltere sowie effektivere Preisstrategien entwickeln können.

Technischer Einblick

Für die Implementierung von NLP-Tools ist kein fortgeschrittener Abschluss in Informatik erforderlich. Bibliotheken wie TextBlob und NLTK machen den Zugang für Unternehmen jeder Größe möglich. Nachfolgend ein Beispiel für die Durchführung einer Sentiment-Analyse mit der Python-Bibliothek TextBlob:

```
from textblob import TextBlob
import requests

# Fetch reviews from an API
  api_url = 'https://api.example.com/reviews'   # Replace with your API endpoint
   try:
       response = requests.get(api_url)
       if response.status_code == 200:
           reviews = response.json()  # Assuming the API returns a JSON array of reviews
       else:
            print(f"Failed to fetch reviews. Status code: {response.status_code}")
            reviews = []
   except requests.exceptions.RequestException as e:
       print(f"An error occurred while fetching reviews: {e}")
       reviews = []

# Analyze sentiment for each review
if reviews:
     for review in reviews:
         sentiment = TextBlob(review).sentiment
         print(f"Review: {review}\nSentiment: {sentiment}")
else:
print("No reviews available for analysis.")
```

Diese einfache Implementierung zeigt, wie Unternehmen die Stimmung effektiv messen können. TextBlob weist jeder Bewertung einen Polaritätswert zu, wobei positive Werte eine positive Stimmung und negative Werte Unzufriedenheit widerspiegeln. Durch die Skalierung dieser Analyse auf Tausende von Bewertungen oder Beiträgen erhalten Unternehmen einen ganzheitlichen Überblick über die Kundenhaltung.

Blick in die Zukunft

Mit dem weiteren Fortschritt von NLP werden auch die Einsatzmöglichkeiten im Pricing weiter zunehmen. Neue Technologien wie transformerbasierte Modelle (z. B. BERT oder GPT) ermöglichen eine noch nuanciertere Analyse, einschließlich kontextsensitiver Stimmungsdetektion und Verständnis von Konversationen. Man stelle sich ein KI-Tool vor, das nicht nur Unzufriedenheit mit der Preisgestaltung erkennt, sondern auch alternative Strukturen auf Basis ähnlicher Szenarien aus der Vergangenheit vorschlägt. Diese Entwicklungen erweitern die Möglichkeiten, wie Unternehmen die Preisgestaltung personalisieren können, um die Kundenerwartungen besser zu erfüllen.

Mit Hilfe von NLP können Unternehmen mehr als nur auf Kundenfeedback reagieren. Sie sind in der Lage, Bedürfnisse vorherzusehen, aufkommende Trends zu erkennen und Preisentscheidungen zu treffen, die als intuitiv und fair empfunden werden. In einer Welt, in der die Kundenstimmung zunehmend Kaufentscheidungen beeinflusst, ist NLP ein wertvolles Werkzeug, um wettbewerbsfähig und nah an den Bedürfnissen der Kunden zu bleiben.

Generative KI (Gen KI): Neue Möglichkeiten auf Basis von Mustern in Daten generieren

Generative KI erweitert die Grenzen von Preisstrategien, indem sie innovative Ansätze für geschäftliche Herausforderungen und Chancen bietet. Im Gegensatz zur traditionellen KI, die in der Regel bestehende Daten analysiert, besitzt Generative KI (Gen KI) die einzigartige Fähigkeit, neue Möglichkeiten zu schaffen. Sie generiert personalisierte Preismodelle, simuliert verschiedene Preisszenarien und erstellt sogar maßgeschneiderte Werbeinhalte, die individuell auf Kunden abgestimmt sind. Durch die Kombination historischer Daten mit kontextuellen Erkenntnissen ermöglicht Gen KI ein Maß an Präzision und Kreativität im Pricing, das zuvor undenkbar war (Zhang und Xiong 2024).

Einer der wirkungsvollsten Anwendungsfälle von Generativer KI liegt in der Szenariosimulation. Wenn ein Unternehmen beispielsweise eine Preiserhöhung von 5 % für seinen Abonnementdienst in Erwägung zieht, kann Gen KI die potenziellen Auswirkungen modellieren und vorhersagen, wie sich die Preisänderung auf Umsatz und Kundenbindung auswirken könnte. Mit diesen Prognosen können Unternehmen fundierte, datenbasierte Entscheidungen treffen, bevor sie Änderungen umsetzen. Diese vorausschauende Fähigkeit hilft Unternehmen, sich mit Zuversicht in komplexen und schwankenden Marktbedingungen zu bewegen (Binns 2021).

Eine weitere überzeugende Anwendung von Gen KI ist die dynamische Inhaltserstellung. Im Gegensatz zu traditionellen Systemen, die ausschließlich numerische Daten analysieren, kann Gen KI direkt mit Kunden über personalisierte Nachrichten kommunizieren. Sie kann Werbematerialien wie E-Mails oder SMS-Nachrichten verfassen, die auf das Verhalten und die Präferenzen der Kunden zugeschnitten sind. Ein E-Commerce-Unternehmen kann beispielsweise Gen KI nutzen, um automatisch individuelle Angebote an Kunden zu senden, die ihren Warenkorb abgebrochen haben, und so die Wahrscheinlichkeit eines Kaufabschlusses erhöhen. Diese Nachrichten können sich dynamisch an Faktoren wie Lagerbestand, bisherige Kundeninteraktionen oder saisonale Trends anpassen (Liu und Chen 2020).

Ein SaaS-Anbieter hat kürzlich GPT-basierte Generative KI eingesetzt, um die Auswirkungen einer Preiserhöhung um 5 % zu simulieren. Das Modell lieferte Erkenntnisse, die potenzielle Umsatzsteigerungen mit dem Risiko von Kundenverlusten abwogen. Infolgedessen implementierte das Unternehmen eine gestaffelte Preisstrategie, die den Gewinn maximierte und gleichzeitig die Kundenabwanderung minimierte (Built In 2023). Dieses Beispiel zeigt, wie Gen KI nicht nur unterstützt, sondern auch aktiv Preisentscheidungen mit zukunftsweisenden Erkenntnissen informiert und gestaltet (Martinez und Liao 2021).

Darüber hinaus wird Generative KI eingesetzt, um dynamische Pricing-Experimente zu entwerfen. Eine große E-Commerce-Plattform nutzte Gen KI, um Varianten von Rabattstrategien zu generieren, die auf verschiedene Kundensegmente zugeschnitten waren. Durch die Analyse der Ergebnisse dieser Experimente fand das Unternehmen die effektivste Strategie zur Steigerung der Konversionsrate und erzielte während einer Aktionsphase einen Umsatzanstieg von 12 % (Zhang und Xiong 2024).

Diese Anwendungen unterstreichen, wie Generative KI Preisstrategien revolutioniert und es Unternehmen ermöglicht, über traditionelle Modelle hinauszugehen und adaptivere, personalisierte und datengetriebene Ansätze zu verfolgen.

Technischer Einblick

Generative KI-Plattformen wie die Transformer-Modelle von Hugging Face bieten einen einfachen Zugang zur Simulation von Preisszenarien und zur Generierung kreativer Inhalte. So können Sie beispielsweise ein Open-Source-Modell wie LLaMA 2 nutzen, um Preisszenarien zu simulieren:

```
from transformers import AutoModelForCausalLM, AutoTokenizer

# Load a newer model, e.g., LLaMA 2 or Falcon
    model_name = "meta-llama/Llama-2-7b-chat-hf"   # Or "tiiuae/falcon-7b"
    tokenizer = AutoTokenizer.from_pretrained(model_name)
    model = AutoModelForCausalLM.from_pretrained(model_name)

# Generate pricing scenario
    prompt = "What if subscription prices increase by 5%? Analyze revenue and customer retention."
    input_ids = tokenizer.encode(prompt, return_tensors="pt")
    output = model.generate(input_ids, max_length=100)
    print(tokenizer.decode(output[0], skip_special_tokens=True))
```

Dieses Beispiel verdeutlicht, wie einfach es sein kann, Preisstrategien mit Gen KI zu testen. Mit geringfügigen Anpassungen können Unternehmen unzählige „Was-wäre-wenn"-Szenarien durchspielen und ihre Entscheidungen verfeinern, ohne reale Risiken einzugehen.

Blick in die Zukunft

Mit der Weiterentwicklung der Generativen KI werden ihre Anwendungen im Pricing weiter zunehmen. So können beispielsweise nächste Generationen von Modellen hochgradig lokalisierte Preisstrategien entwickeln, indem sie Gen KI mit Echtzeit-Marktdaten kombinieren. Stellen Sie sich ein Szenario vor, in dem Gen KI die Preise für ein Produkt sofort anpasst, wenn ein Wettbewerber einen Rabatt gewährt oder die Nachfrage plötzlich steigt. Diese Fähigkeit könnte die Agilität von Preisstrategien neu definieren.

Darüber hinaus könnte die Fähigkeit von Gen KI, maßgeschneiderte Inhalte zu erstellen, auf Echtzeit-Verhandlungstools ausgeweitet werden. Stellen Sie sich vor, Ihr Vertriebsteam wird mit einem KI-Assistenten ausgestattet, der während Live-Gesprächen kundenspezifische Preisvorschläge generiert. Durch die Analyse von Kundenpräferenzen, Kaufhistorie und

Marktbedingungen könnte die KI einen optimalen Preis vorschlagen, der sowohl den Unternehmenszielen als auch den Erwartungen des Kunden entspricht.

Generative KI eröffnet neue Möglichkeiten, indem sie Unternehmen befähigt, zu experimentieren, zu innovieren und mit beispielloser Präzision zu kommunizieren. Da die Kundenerwartungen steigen und die Märkte wettbewerbsintensiver werden, liefert Gen KI die Werkzeuge, um der Entwicklung voraus zu sein und sicherzustellen, dass Preisstrategien nicht nur effektiv, sondern auch eng an den Kundenbedürfnissen ausgerichtet sind. In der Welt des KI-gestützten Pricings ist Generative KI die kreative Kraft, die Daten in Handlungen und Ideen in Realität verwandelt. Ihre Fähigkeit, neue Möglichkeiten zu schaffen, stellt sicher, dass Unternehmen sowohl für die Herausforderungen von heute als auch für die Chancen von morgen gerüstet sind.

Reinforcement Learning (RL): Preise in Echtzeit anpassen

Reinforcement Learning (RL) verspricht eine Verbesserung von Preisstrategien, insbesondere in schnelllebigen Umgebungen. Im Gegensatz zu traditionellen Prognosemodellen, die auf historischen Daten basieren, interagiert RL kontinuierlich mit seiner Umgebung, lernt aus Erfolgen und Misserfolgen und entwickelt sich durch Rückmeldungen in Form von Belohnungen und Strafen weiter, indem es seine Strategie entsprechend anpasst. Im Pricing könnten diese Belohnungen beispielsweise Umsatzsteigerungen darstellen, während Strafen Probleme wie Kundenabwanderung oder unverkaufte Lagerbestände abbilden. Die Fähigkeit, sich in Echtzeit anzupassen, macht RL besonders wertvoll in Branchen, in denen sich die Bedingungen schnell ändern.

Stellen Sie sich ein Szenario vor, in dem ein Flughafen an einem stürmischen Abend voller Passagiere ist, Flüge entweder verspätet oder gestrichen werden und Reisende nach Alternativen suchen. In diesem Kontext kann RL Fluggesellschaften dabei helfen, Ticketpreise dynamisch anzupassen und das verfügbare Sitzplatzangebot mit der schwankenden Nachfrage in Einklang zu bringen. Ähnlich hilft RL in der Ride-Hailing-Branche, Fahrpreise unter Berücksichtigung von Faktoren wie lokalem Verkehrsaufkommen, Fahrerangebot und Passagiernachfrage festzulegen, um jederzeit eine optimale Preisgestaltung zu gewährleisten.

Eine besondere Stärke von RL ist der Einsatz im dynamischen Pricing, bei dem Algorithmen Preise kontinuierlich auf Basis von Echtzeitfaktoren wie Nachfrage, Lagerbestand oder Wettbewerberaktivitäten anpassen. Während eines Flash-Sales kann beispielsweise eine E-Commerce-Plattform RL nutzen, um Preise je nach Kundenverhalten anzupassen – je nachdem, ob ein Kunde sofort kauft oder zögert – und so die optimale Balance zwischen Absatzvolumen und Gewinnmarge zu finden.

Die Fähigkeiten von RL erstrecken sich auf Branchen wie Fluggesellschaften und Ride-Hailing-Dienste, wo Preise auf Basis ständig wechselnder Faktoren angepasst werden können. So kann eine Fluggesellschaft RL einsetzen, um Ticketpreise dynamisch zu steuern, indem sie Buchungstrends, Wetter und Wettbewerberpreise in Echtzeit analysiert. Diese Strategie führte zu einer Umsatzsteigerung pro Sitzplatz um 12 % und zeigt das Potenzial von RL in wettbewerbsintensiven Branchen (Stanford HAI 2023). Auch Ride-Hailing-Apps, die oft Schwierigkeiten haben, Fahrpreise während Stoßzeiten anzupassen, nutzen RL, um Preise in Echtzeit zu steuern. Bei einem Schneesturm kann RL beispielsweise die Preise erhöhen, um die gestiegene Nachfrage widerzuspiegeln, ohne die Erschwinglichkeit zu gefährden – zum Vorteil von Fahrern und Fahrgästen, da so die Einnahmen optimiert und die Verfügbarkeit des Dienstes in kritischen Zeiten sichergestellt werden. Seien Sie versichert, dass die ethischen Aspekte der KI-gestützten Preisgestaltung im weiteren Verlauf noch ausführlich behandelt werden.

Technischer Einblick

Die Mechanik von RL mag komplex klingen, basiert aber auf einem einfachen Prinzip: Lernen durch Rückmeldung. Nachfolgend ein vereinfachtes Beispiel für einen Q-Learning-Algorithmus, eine grundlegende RL-Technik, angewendet auf das Pricing:

```
import numpy as np

# Define states and actions
states = ['low_demand', 'medium_demand', 'high_demand']
actions = ['low_price', 'medium_price', 'high_price']

# Initialize Q-table
q_table = np.zeros((len(states), len(actions)))
```

```
# Parameters
learning_rate = 0.1
discount_factor = 0.9
episodes = 1000

# Simulate environment
for episode in range(episodes):
    state = np.random.choice(len(states))
    action = np.random.choice(len(actions))
    reward = np.random.randint(-5, 20) #Simulated reward

    # Update Q-value
    next_state = np.random.choice(len(states))
    q_table[state, action] += learning_rate * (
            reward + discount_factor * np.max(q_table[next_state]) - q_table[state, action]
    )

print("Q-Table after training:")
print(q_table)
```

Dieser Code veranschaulicht, wie RL lernt, bestimmte Preisaktionen mit erwarteten Ergebnissen zu verknüpfen. Im Zeitverlauf erkennt der Algorithmus, welche Preisstrategien in unterschiedlichen Nachfragesituationen die höchsten Belohnungen erzielen.

Blick in die Zukunft

Die Zukunft von RL im Pricing ist vielversprechend. Neue RL-Techniken werden mit Deep Learning kombiniert, um auch mit komplexeren Umgebungen umgehen zu können. So könnten Fluggesellschaften RL nicht nur zur Optimierung von Ticketpreisen, sondern auch für Zusatzleistungen wie Gepäckgebühren und Mahlzeiten-Upgrades einsetzen. Ebenso könnten abonnementbasierte Unternehmen RL nutzen, um Preise für einzelne Kunden zu personalisieren und Tarife auf Basis von Nutzungsverhalten und Loyalität anzupassen.

Eine weitere vielversprechende Entwicklung ist die Integration von RL mit Multi-Agenten-Systemen. Stellen Sie sich einen Marktplatz vor, auf dem RL-Algorithmen für Verkäufer und Käufer interagieren, Preise dynamisch anpassen und in Echtzeit verhandeln. Dies könnte Branchen wie den Großhandel revolutionieren, in denen Preisverhandlungen oft sehr komplex sind.

Reinforcement Learning fördert kontinuierliche Verbesserung. Durch das Lernen aus jeder Interaktion ermöglicht RL Unternehmen, in unsicheren Zeiten agil zu bleiben. Ob bei der Optimierung von Ticketpreisen während Stoßzeiten oder der dynamischen Preisgestaltung bei Flash-Sales – RL stellt sicher, dass Unternehmen sich in Echtzeit anpassen und erfolgreich sein können.

In einer Welt, in der sich Kundenerwartungen ständig weiterentwickeln, bietet RL die Flexibilität und Präzision, die für profitable, faire und reaktionsschnelle Preisstrategien erforderlich sind. Während Unternehmen diese Technologie weiter nutzen, wird RL eine Schlüsselrolle bei der Gestaltung der Zukunft des KI-gestützten Pricings spielen.

Erklärbare KI (XAI): Vertrauensaufbau bei Preisentscheidungen

Erklärbare KI (XAI) adressiert eines der größten Hindernisse bei der Einführung von KI: Vertrauen. Während Unternehmen zunehmend auf KI für Preisentscheidungen setzen, empfinden Stakeholder, Mitarbeitende und Kund:innen oft Unsicherheit darüber, wie diese Entscheidungen zustande kommen. Warum empfiehlt die KI beispielsweise, den Preis eines Produkts zu erhöhen, während sie für ein anderes einen Rabatt vorschlägt? Wie stehen diese Entscheidungen im Einklang mit den Unternehmenszielen, gesetzlichen Vorgaben oder Kundenerwartungen? XAI begegnet diesen Bedenken, indem sie klare, verständliche Erklärungen darüber liefert, wie KI-Modelle arbeiten und warum sie zu bestimmten Preisempfehlungen gelangen.

Im Bereich Pricing ist Transparenz entscheidend. KI-Systeme werden häufig als „Black Boxes" wahrgenommen – komplexe Gebilde, die Ergebnisse liefern, ohne den zugrunde liegenden Prozess offenzulegen (Yang 2024). Dieser Mangel an Nachvollziehbarkeit kann zu Zurückhaltung bei Entscheidungsträgern und zu Frustration bei Kund:innen führen. XAI schafft Transparenz, indem sie Preisentscheidungen in logische, nachvollziehbare Schritte zerlegt und so für Stakeholder verständlich und vertrauenswürdig macht. Diese Klarheit ist für Pricing-Teams nicht nur ein Luxus, sondern notwendig für regulatorische Konformität, Kundenzufriedenheit und die Ausrichtung der Organisation.

Ein wichtiger Anwendungsfall von XAI im Pricing ist die Sicherstellung der Einhaltung von Vorschriften. Preisentscheidungen in Branchen wie Versicherungen oder Telekommunikation stehen häufig auf dem Prüfstand hinsichtlich Fairness und Rechtmäßigkeit. XAI-Tools helfen Unternehmen, sicherzustellen, dass ihre Preisgestaltungsmodelle den regulatorischen Anforderungen entsprechen, indem sie für jede vom System getroffene Entscheidung Erklärungen liefern. So kann beispielsweise ein Versicherungsunternehmen, das KI für die Tarifkalkulation einsetzt, mit XAI überprüfen, dass der Algorithmus nicht auf Basis sensibler Merkmale diskriminiert. Diese Fähigkeit zur Transparenz kann das Risiko rechtlicher Auseinandersetzungen minimieren.

XAI spielt auch eine bedeutende Rolle beim Aufbau von Kundenvertrauen. Man stelle sich einen Abonnementdienst vor, der seine Preise erhöht. Ohne Erklärung könnten Kund:innen die Änderung als willkürlich oder unfair empfinden, was zu Unmut oder sogar Kündigungen führen kann. Wird jedoch mithilfe von XAI klar kommuniziert, warum die Preisanpassung erfolgt – etwa aufgrund gestiegener Kosten durch Inflation oder zusätzlicher Funktionen –, steigt die Wahrscheinlichkeit, dass Kund:innen die Änderung nachvollziehen und akzeptieren. Transparente und gut begründete Preisentscheidungen fördern Fairness und verwandeln potenzielle Konflikte in Chancen für stärkere Kundenbeziehungen.

Ein Einzelhändler setzte beispielsweise XAI ein, um KI-gestützte Preisänderungen zu ermöglichen. Das System bewertete Faktoren wie historische Verkaufsdaten, Wettbewerberpreise und Nachfrageprognosen, um neue Preise zu empfehlen. Bevor diese Vorschläge umgesetzt wurden, nutzte der Händler XAI, um die Begründung jeder Preisänderung zu überprüfen und sicherzustellen, dass sie mit den Kernwerten der Marke und den Kundenerwartungen übereinstimmte. Diese Transparenz verbesserte nicht nur die internen Entscheidungsprozesse, sondern stärkte auch das Vertrauen der Kund:innen, da der Händler klare Erklärungen für die Preisgestaltung liefern konnte (Devabit 2023).

Technischer Einblick

XAI kann mit Hilfe leistungsfähiger Tools wie SHAP (SHapley Additive exPlanations) eingesetzt werden, die detaillierte Einblicke in die Vorhersagen von KI-Modellen bieten. Nachfolgend ein Beispiel, wie SHAP zur Erklärung von Preisempfehlungen genutzt werden kann:

```
import shap
from sklearn.ensemble import RandomForestRegressor
from sklearn.model_selection import train_test_split
import pandas as pd
```

```
# Daten laden
data = pd.read_csv("pricing_data.csv")
X = data[['demand', 'competitor_price', 'cost']]
y = data['optimal_price']

# Modell trainieren
model = RandomForestRegressor()
   X_train, X_test, y_train, y_test = train_test_split(X, y,
test_size=0.2, random_state=42)
   model.fit(X_train, y_train)

# Vorhersagen erklären
explainer = shap.Explainer(model, X_train)
shap_values = explainer(X_test)

# Erklärung für eine einzelne Vorhersage visualisieren
shap.plots.waterfall(shap_values[0])
```

Dieser Code gibt einen Hinweis darauf, wie SHAP jedem Merkmal eine Bedeutung für die Vorhersage des Modells zuweist. So könnte beispielsweise ersichtlich werden, dass der Preis eines Wettbewerbers die KI-Empfehlung für ein bestimmtes Produkt maßgeblich beeinflusst hat. Solche Einblicke ermöglichen es Pricing-Teams, Entscheidungen zu validieren und Strategien bei Bedarf anzupassen.

Blick in die Zukunft

Die Rolle von XAI im Pricing entwickelt sich rasant weiter. Eine spannende Anwendung ist die Echtzeit-Erklärbarkeit, bei der KI-Systeme Begründungen liefern, während sie Empfehlungen generieren. So könnte ein dynamisches Preistool in Echtzeit erklären, dass es den Preis eines Produkts aufgrund hoher Nachfrage während einer Werbeaktion anhebt. Eine weitere Entwicklung ist das visuelle Storytelling, bei dem XAI komplexe Entscheidungen mithilfe von Grafiken, Diagrammen und narrativen Elementen intuitiv vermittelt.

Darüber hinaus wird XAI zunehmend benutzerfreundlicher. Tools wie LIME (Local Interpretable Model-agnostic Explanations) und integrierte XAI-Dashboards erleichtern es auch nicht-technischen Stakeholdern, mit KI-Systemen zu interagieren und diese zu verstehen. Diese Demokratisierung der KI-Transparenz stellt sicher, dass alle – von Data Scientists bis zu

Führungskräften an der Front – zu fundierteren Preisentscheidungen beitragen können.

Indem XAI die Entscheidungsfindung von KI nachvollziehbar macht, ermöglicht sie Unternehmen, ihre Strategien mit regulatorischen Vorgaben, Unternehmenszielen und Kundenerwartungen in Einklang zu bringen. Diese Transparenz schafft einen positiven Kreislauf: Klarere Entscheidungen führen zu mehr Vertrauen, was wiederum die selbstbewusstere Nutzung von KI im Pricing fördert.

In einer Zeit, in der Kund:innen sowohl Wert als auch Fairness erwarten, kann XAI einen entscheidenden Wettbewerbsvorteil bieten. Unternehmen, die Transparenz leben, werden nicht nur bessere Preisentscheidungen treffen, sondern auch dauerhafte Beziehungen zu Stakeholdern und Kund:innen aufbauen. Während Preisstrategien immer ausgefeilter werden, sorgt XAI dafür, dass der Mensch im Zentrum jeder Entscheidung bleibt.

Synthetische Datengenerierung: Überwindung von Datenlücken

Synthetische Daten verändern die Herangehensweise von Unternehmen an das Pricing, indem sie die Erstellung künstlicher Datensätze ermöglichen, die realen Daten sehr nahekommen. Diese Innovation ist eine praxisnahe Alternative zur Nutzung sensibler, unvollständiger oder schwer zugänglicher Informationen. Durch den Einsatz synthetischer Daten können Unternehmen Datenschutz und Sicherheit gewährleisten und gleichzeitig KI-Modelle trainieren und verwertbare Erkenntnisse gewinnen – selbst in Situationen, in denen echte Daten knapp oder schwer zu beschaffen sind.

Einer der größten Vorteile synthetischer Daten ist die Möglichkeit, hypothetische Marktsituationen zu simulieren. Unternehmen können beispielsweise Daten generieren, um zu verstehen, wie sich die Nachfrage unter verschiedenen Preisstrategien entwickelt – etwa während wirtschaftlicher Abschwünge oder bei Störungen in der Lieferkette. Solche Simulationen erlauben es, verschiedene „Was-wäre-wenn"-Szenarien zu testen, ohne echtes Datenmaterial zu verwenden oder vorschnell potenziell riskante Entscheidungen zu treffen.

Synthetische Daten spielen auch eine wichtige Rolle beim Schutz der Privatsphäre. In Branchen wie Gesundheitswesen, Finanzwesen oder Einzelhandel, in denen der Umgang mit Kundendaten strengen regulatorischen Vorgaben unterliegt, kann die Nutzung echter Kundendaten zum Training von KI-Modellen zu Compliance-Problemen führen. Durch die Generierung synthetischer Daten, die das Kundenverhalten abbilden, aber persönliche Identifikatoren entfernen, können Unternehmen weiterhin effektiv mit KI arbeiten und gleichzeitig Datenschutzvorgaben wie DSGVO oder CCPA einhalten. Diese Fähigkeit unterstützt ethische Standards und ermöglicht datenbasierte Entscheidungen.

Ein globaler Einzelhändler stand beispielsweise vor erheblichen Preisgestaltungsherausforderungen aufgrund von Lieferkettenstörungen, schwankender Nachfrage und unvorhersehbarer Rohstoffverfügbarkeit. Anstatt auf unvollständige oder sensible Daten zurückzugreifen, nutzte er synthetische Daten, um Marktsituationen zu simulieren. So konnte er verschiedene Preisstrategien testen, in Echtzeit anpassen und seinen Ansatz verfeinern – und das alles, ohne die Privatsphäre der Kund:innen zu gefährden (IBM 2023).

Der Einsatz synthetischer Daten ermöglichte es dem Händler, fundiertere Entscheidungen zu treffen, ohne reale Daten Sicherheitsrisiken oder regulatorischen Verstößen auszusetzen. Zudem bot sich eine Flexibilität, die mit traditionellen Methoden der Datenerhebung nicht erreichbar gewesen wäre, sodass er sich schnell an sich verändernde Marktbedingungen anpassen konnte.

Technischer Einblick

Die Generierung synthetischer Daten ist dank Bibliotheken wie NumPy und Pandas in Python heute so einfach wie nie. Mit diesen Tools können Unternehmen Datensätze erstellen, die die wichtigsten Variablen für Preisentscheidungen abbilden – etwa Nachfrageschwankungen, Wettbewerberpreise und Kostenstrukturen. Nachfolgend ein Beispiel, wie synthetische Daten zur Simulation einer Pricing-Umgebung erzeugt werden können:

```
import numpy as np
import pandas as pd

# Synthetische Daten generieren
np.random.seed(42)
synthetic_data = {
    "demand": np.random.randint(100, 500, 100),
    "competitor_price": np.random.uniform(20, 50, 100),
    "cost": np.random.uniform(10, 30, 100),
    "optimal_price": np.random.uniform(25, 55, 100)
}
```

```
# DataFrame erstellen
synthetic_df = pd.DataFrame(synthetic_data)
print(synthetic_df.head())
```

Dieser Code erzeugt einen Datensatz mit 100 Einträgen, darunter Variablen wie Nachfrage, Wettbewerberpreis, Kosten und den optimalen Preis entsprechend der Zielhierarchie des Unternehmens. Der generierte Datensatz spiegelt die Art von Informationen wider, die ein Unternehmen zur Bewertung verschiedener Preisstrategien nutzen könnte. Durch die Generierung synthetischer Daten auf diese Weise können Unternehmen Modelltraining und Szenarioanalysen durchführen, ohne auf echte Kundendaten angewiesen zu sein – was die Iteration und Verfeinerung von Pricing-Ansätzen erleichtert.

Blick in die Zukunft

Zukünftige Entwicklungen könnten noch ausgefeiltere Methoden zur Datengenerierung ermöglichen, bei denen synthetische Daten nicht nur reales Verhalten nachbilden, sondern auch komplexe, nichtlineare Zusammenhänge zwischen Variablen berücksichtigen. Wenn Unternehmen beispielsweise KI-gestütztes dynamisches Pricing einführen, wird synthetische Datengenerierung eine zentrale Rolle beim Training von Algorithmen spielen, die sich an Mikrotrends und unvorhersehbare Marktschwankungen anpassen.

Eine weitere spannende Entwicklung ist die Kombination synthetischer Daten mit Reinforcement Learning (RL). Durch die Generierung simulierter Pricing-Umgebungen können Unternehmen RL-Modelle trainieren, die ihre Preisstrategien auf Basis hypothetischer Rückmeldungen anpassen und weiterentwickeln – ohne auf reale Marktveränderungen warten zu müssen. Diese Verbindung der Technologien könnte zu noch agileren, reaktionsschnelleren und personalisierten Preissystemen führen.

Synthetische Daten sind nicht nur eine temporäre Lösung für unvollständige Datensätze, sondern ein leistungsfähiges Werkzeug, das Unternehmen ermöglicht, Pricing-Strategien risikofrei, ethisch und skalierbar zu testen und zu entwickeln. Ihre Wirksamkeit hängt jedoch davon ab, wie gut sie die Komplexität und Nuancen realer menschlicher Daten abbilden können – ein Bereich, der weiterhin Gegenstand intensiver Forschung und potenzieller Einschränkungen ist. Während die regulatorischen Anforderungen an Datenschutz steigen und die Notwendigkeit für Agilität im Pricing wächst, bieten synthetische Daten Unternehmen eine vielversprechende Ressource, um im datengetriebenen Zeitalter wettbewerbsfähig zu bleiben. Sie ermöglichen es, die Potenziale von KI zu nutzen, ohne die Privatsphäre zu gefährden, und unterstützen so ethischere und dynamischere Pricing-Praktiken, während sie sich in ihrer Nähe zur Realität stetig weiterentwickeln.

Fazit

KI-Technologien sind mächtige Kräfte, die die Herangehensweise von Unternehmen an die Preisgestaltung grundlegend verändern. Durch den Einsatz von Machine Learning (ML) für prädiktive Analysen, Natural Language Processing (NLP) zur Analyse der Kundenzufriedenheit, Generative AI (Gen AI) zur Simulation von Preisszenarien, Reinforcement Learning (RL) für Echtzeit-Preisanpassungen, Explainable AI (XAI) zur Vertrauensbildung und synthetischer Datengenerierung für ein robustes Modelltraining können Unternehmen Preisstrategien entwickeln, die intelligenter, flexibler und stärker auf den Kunden ausgerichtet sind.

Die Synergie zwischen diesen Technologien ist elektrisierend. In Kombination bilden sie ein Preisgestaltungs-Framework, das nicht nur proaktiv und anpassungsfähig, sondern auch transparent und reaktionsschnell auf Veränderungen der Marktbedingungen und Kundenbedürfnisse ist. Während Unternehmen diese KI-Tools weiter integrieren, wird die Zukunft der Preisgestaltung nicht mehr auf reine Optimierung beschränkt sein, sondern darauf abzielen, Wert neu zu definieren – und zwar so, dass sowohl Unternehmen als auch ihre Kunden davon profitieren.

KI-gestützter Preisgestaltungsprozess

Die Implementierung von KI in der Preisgestaltung gleicht dem Schaffen eines Meisterwerks. Sie beginnt mit Rohdaten, die mithilfe von KI-Modellen geformt und veredelt werden, bevor sie im gesamten Unternehmen skaliert und ausgerollt werden. Auf diesem Weg gibt es Hürden, Momente der Unsicherheit und Rückschläge – und schließlich Durchbrüche, die Ihre Preisstrategie zu etwas weit Wirkungsvolleren machen, als ursprünglich gedacht. Dieser Prozess erfordert Geduld, Flexibilität und vor allem ein klares Verständnis sowohl der eigenen Unternehmensziele als auch der verfügbaren Werkzeuge.

Betrachten Sie dieses Vorhaben als das Navigieren in einer sich ständig verändernden Landschaft. Die zur Verfügung stehenden Werkzeuge sind zwar fortschrittlich, doch der Weg ist oft unklar. Sie beginnen mit Daten – roh und möglicherweise unvollständig, aber dennoch entscheidend für den Prozess. Diese Daten werden dann in KI-Modelle eingespeist, die so angepasst werden, dass sie auf die Realitäten des Marktes reagieren. Die eigentliche Transformation erfolgt jedoch erst, wenn diese Modelle im großen Maßstab eingesetzt werden, Echtzeit-Preisentscheidungen beeinflussen und in die gesamte Organisation integriert werden.

Auch wenn die technischen Feinheiten mitunter überwältigend erscheinen mögen, sind die Schritte zur Implementierung von KI in der Preisgestaltung relativ klar. Zunächst müssen die Daten bereinigt und strukturiert werden, um ihre Relevanz und Nutzbarkeit sicherzustellen. Anschließend gilt es, die passenden KI-Modelle auszuwählen und zu trainieren, damit die Ergebnisse mit den Unternehmenszielen übereinstimmen. Danach folgt die Herausforderung, die Lösung im gesamten Unternehmen zu skalieren. Hier entfaltet sich die eigentliche Magie: Wenn KI nicht mehr nur ein Konzept ist, sondern ein vollumfänglich realisiertes System, das Entscheidungen beeinflusst und Geschäftsergebnisse vorantreibt, wird das Potenzial freigesetzt.

In diesem Abschnitt werden wir jede Phase der KI-Implementierung beleuchten und die wichtigsten Herausforderungen und Strategien herausstellen. Am Ende werden Sie nicht nur verstehen, wie KI funktioniert, sondern auch, wie Sie sie nutzen können, um Ihre Preisstrategie zu revolutionieren. Ob Sie bei null beginnen oder ein bestehendes System optimieren – das Beherrschen dieser Phasen ist entscheidend, um die Vorteile von KI in der Preisgestaltung voll auszuschöpfen.

Phase 1: Datenaufbereitung und -bereinigung – Der Motor des KI-Erfolgs

Wenn Menschen an KI denken, konzentrieren sie sich meist auf die ausgefeilten Algorithmen und die Geschwindigkeit, mit der diese Erkenntnisse generieren – etwa zur Vorhersage des Kundenverhaltens, zur Preisoptimierung oder zur Personalisierung von Empfehlungen. Diese beeindruckenden KI-Anwendungen stehen oft im Rampenlicht. Doch hinter jedem Erfolg steht der weniger glamouröse, aber ebenso essenzielle Prozess der Datenaufbereitung. Man kann es mit dem Reinigen der Küche vor dem Kochen vergleichen: Es ist vielleicht nicht spannend, aber absolut entscheidend, damit alles reibungslos abläuft.

Stellen Sie sich Folgendes vor: Sie wollen Ihr Lieblingsgericht kochen, aber die Küche ist chaotisch. Schmutziges Geschirr, ein unaufgeräumter Kühlschrank und eine überladene Arbeitsfläche. In so einer Umgebung zu kochen, wäre schwierig und frustrierend – wenn nicht gar unmöglich. Das Gleiche gilt für KI: Wenn die in Ihre Modelle eingespeisten Daten unvollständig, inkonsistent oder schlecht organisiert sind, werden auch die Ergebnisse fehlerhaft sein. Der Algorithmus kann nur mit dem arbeiten, was er bekommt – schlechte Daten führen zu schlechten Vorhersagen.

Ein mittelständischer Einzelhändler stand genau vor dieser Herausforderung. In der Hoffnung, das Potenzial von KI zu nutzen, stürzte er sich in das Training komplexer Modelle – in der Erwartung, dass das System schnell wertvolle Erkenntnisse liefern würde. Doch die Vorhersagen waren inkonsistent und unzuverlässig. Einige Modelle schlugen zu niedrige Preise vor, andere empfahlen Preise, die Kunden niemals akzeptiert hätten. Nach viel Frustration wurde klar: Das Problem lag nicht an der KI, sondern an den Daten. Der Datensatz enthielt fehlende Einträge, doppelte Datensätze und veraltete Kundeninformationen. Was wie ein schneller Erfolg aussah, wurde zu monatelanger Nacharbeit.

Entschlossen, das Problem zu lösen, ging der Einzelhändler einen Schritt zurück und begann von vorn mit den Grundlagen. Er kombinierte Daten aus CRM- und Verkaufsplattformen, bereinigte den Datensatz und standardisierte die Formate. Nach der Beseitigung von Duplikaten und der Sicherstellung der Datenqualität wurden die KI-Modelle erneut trainiert. Diesmal waren die Ergebnisse konsistent und verlässlich – sie lieferten umsetzbare Erkenntnisse, die die Preisstrategie verbesserten und den Umsatz steigerten.

Egal wie fortschrittlich Ihr KI-System ist: Schlechte Datenqualität führt immer zu schlechten Ergebnissen. Die Genauigkeit Ihrer Resultate hängt direkt von der Qualität der eingespeisten Daten ab. Daher ist es unerlässlich, vor dem Einsatz KI-gestützter Preisgestaltungsmodelle Zeit und Ressourcen in die Datenaufbereitung zu investieren. Sie ist der Grundstein für den Erfolg der gesamten KI-Initiative.

Tatsächlich zeigen Studien, dass bis zu 80 % der Zeit in KI-Projekten auf die Datenaufbereitung entfallen (Loukides 2020a, b). So ausgefeilt die KI-Modelle auch sein mögen – sie sind nur so gut wie die Daten, auf denen sie trainiert wurden. Das Bereinigen, Konsolidieren und Strukturieren der Daten ist nicht nur eine technische Aufgabe, sondern eine strategische, die die Grundlage dafür schafft, dass KI ihr volles Potenzial entfalten kann. Schauen wir uns nun die wichtigsten Schritte bei der Datenaufbereitung für KI-Anwendungen an.

1. Identifikation und Sammlung relevanter Daten

Der erste Schritt bei der Datenaufbereitung für KI besteht darin, zu entscheiden, welche Daten für das jeweilige Ziel am wertvollsten sind. Im Kontext der Preisgestaltung bedeutet dies, die richtige Mischung an Daten zu sammeln, um fundierte Entscheidungen zu ermöglichen. Wie bereits erläutert, umfassen die wichtigsten Kategorien relevanter Daten für KI-gestützte Preisstrategien typischerweise:

- **Transaktionsdaten:** Dazu zählen historische Verkaufsdaten, Kundenverhalten, Produktdetails und Preisinformationen. Sie helfen Unternehmen, vergangene Marktdynamiken zu verstehen, Trends zu erkennen und die zukünftige Nachfrage zu modellieren (Davenport und Bean 2020).
- **Daten zum Kundenverhalten:** Demografische Angaben, Browserverläufe und bisherige Kaufentscheidungen geben Einblicke in Kundenpräferenzen und Preissensitivität und ermöglichen die Entwicklung personalisierter Preisgestaltungsmodelle (Choudhury et al. 2022).
- **Markttrenddaten:** Informationen zu Wettbewerberpreisen, externe Faktoren wie Saisonalität, wirtschaftliche Trends und globale Ereignisse können Preisentscheidungen beeinflussen und helfen Unternehmen, Nachfrageschwankungen oder Angebotsveränderungen frühzeitig zu erkennen (Brynjolfsson und McAfee 2017).

Nach der Auswahl relevanter Datenquellen besteht die nächste Herausforderung darin, diese Informationen zu sammeln und in einem zentralen Repository zu organisieren. Unternehmen stehen häufig vor dem Problem fragmentierter Daten, die über verschiedene Systeme wie CRM-Plattformen, ERP-Systeme und Tabellenkalkulationen verteilt sind. Um dem entgegenzuwirken, ist die Integration dieser unterschiedlichen Datenquellen in ein einheitliches System entscheidend. Lösungen wie **Snowflake** und **Amazon Web Services (AWS)** haben sich als effektiv erwiesen, um Daten zusammenzuführen und Unternehmen einen nahtlosen Zugriff auf einen umfassenden Datensatz zu ermöglichen (Chen et al. 2021). Durch die Zentralisierung der Daten stellen Unternehmen sicher, dass KI-Modelle präzise und konsistente Informationen erhalten und so fundiertere und wirkungsvollere Preisentscheidungen ermöglichen.

Zusammenfassend sind die korrekte Identifikation und Konsolidierung von Daten grundlegende Schritte, damit KI-gestützte Preisgestaltung ihr volles Potenzial entfalten kann. Unternehmen, die diesen Prozess optimieren, sind bestens aufgestellt, um die prädiktiven und adaptiven Fähigkeiten der KI effektiv zu nutzen.

2. Datenbereinigung: Die unverzichtbare Grundlage

Die Bereinigung von Daten ist einer der ressourcenintensivsten und zugleich entscheidenden Schritte bei der Datenaufbereitung für die Implementierung von KI. Ohne saubere, präzise Daten können selbst die fortschrittlichsten KI-Modelle fehlerhafte Ergebnisse liefern und damit Preisentscheidungen gefährden. Dieser Prozess umfasst mehrere Schritte, die darauf abzielen, Fehler, Inkonsistenzen und Lücken zu beheben, welche die Wirksamkeit KI-gestützter Preisgestaltungsmodelle beeinträchtigen könnten.

A. Umgang mit fehlenden Daten

Fehlende Daten sind ein häufiges Problem und treten in Datensätzen als leere Zellen, Zeilen oder Spalten auf. Beispielsweise können in einer Kundentransaktionsdatenbank fehlende Einträge in Feldern wie „Kaufbetrag" zu unvollständigen Analysen führen.

- **Imputation:** Ein Ansatz zur Behandlung fehlender Werte ist die Imputation, bei der Werte durch statistische Schätzungen wie Mittelwert, Median oder Modus ersetzt werden. Fehlen beispielsweise 10 % der Werte in einer Spalte „Rabattprozentsatz", kann das Auffüllen dieser Lücken mit dem Durchschnittswert der Spalte für Kontinuität sorgen. Anspruchsvollere Methoden, wie Regressionsmodelle oder maschinelles Lernen, können fehlende Werte noch präziser schätzen (Little und Rubin 2020).
- **Löschung:** Wenn fehlende Daten zu umfangreich sind oder die Analyse verfälschen würden, können Zeilen oder Spalten mit unvollständigen Einträgen entfernt werden. Dies sollte jedoch mit Bedacht geschehen, um den Verlust wertvoller Informationen zu vermeiden. Spärlich besetzte Spalten mit geringer Bedeutung können entfernt werden, um den Datensatz zu verschlanken.

B. Eliminierung von Duplikaten

Doppelte Einträge entstehen häufig durch mehrfache Datenimporte, Systemfehler oder Benutzereingabefehler. Werden sie nicht erkannt, können sie Transaktionsvolumina künstlich aufblähen oder das Kundenverhalten falsch darstellen und so die Ergebnisse von KI-Modellen verzerren. Programmiertools wie die Pandas-Bibliothek in Python bieten effiziente Möglichkeiten, doppelte Einträge zu erkennen und zu entfernen. Ein einfacher Befehl wie df.drop_duplicates() kann diesen Prozess vereinfachen und sicherstellen, dass jeder Datensatz nur einmal vorkommt.

C. Standardisierung von Daten

Inkonsistente Formatierungen in Datensätzen können erhebliche Herausforderungen für KI-Modelle darstellen. Abweichungen wie unterschiedliche Datumsformate – etwa „TT-MM-JJJJ" in einem Bereich und „JJJJ-MM-TT" in einem anderen – oder gemischte Groß- und Kleinschreibung in Textfeldern müssen behoben werden, um Konsistenz zu gewährleisten.

- **Konsistenz von Datumsformaten:** Die Standardisierung von Datumsformaten ermöglicht präzise zeitliche Analysen. Bibliotheken wie Pandas bieten Methoden wie pd.to_datetime(), um Datumsangaben in einheitliche Formate zu überführen.
- **Textstandardisierung:** Textfelder, insbesondere solche mit qualitativen Rückmeldungen, sollten normalisiert werden. Beispielsweise sorgt die Umwandlung aller Einträge in Kleinbuchstaben für eine konsistente Kategorisierung und Vergleichbarkeit, insbesondere bei der Analyse von Kundenmeinungen oder Produktfeedback.

D. Identifikation und Korrektur von Ausreißern

Ausreißer, also Extremwerte, die deutlich vom Rest des Datensatzes abweichen, können KI-gestützte Vorhersagen verfälschen. Beispielsweise könnte ein fehlerhafter Eintrag, der einen Produktpreis mit 999.999 $ statt 99,99 $ angibt, Algorithmen dazu verleiten, unrealistische Empfehlungen zu generieren.
Erkennungsmethoden:

Visualisierungstools wie Boxplots oder statistische Ansätze wie Z-Scores und die Interquartilsabstand-Methode (IQR) sind wirksame Mittel zur Identifikation von Anomalien.

Strategien zur Behebung:
Ausreißer können je nach Kontext korrigiert, ausgeschlossen oder erneut analysiert werden. Fehlerhafte Einträge lassen sich durch realistische Schätzwerte ersetzen, während legitime, aber ungewöhnliche Datenpunkte beibehalten werden können, sofern sie wichtige Erkenntnisse liefern.

E. Datentransformation und -normalisierung

Datentransformation und -normalisierung sind grundlegende Schritte, um Datensätze für KI-Anwendungen vorzubereiten und sicherzustellen, dass alle Merkmale gleichberechtigt zum Lernprozess des Modells beitragen. In realen Datensätzen weisen Variablen häufig sehr unterschiedliche Wertebereiche und Einheiten auf. Diese Unterschiede können dazu führen, dass bestimmte Merkmale die Berechnungen des Modells dominieren und so zu verzerrten Vorhersagen führen. In einem Preisgestaltungsmodell kann beispielsweise der Umsatz von 1 $ bis 10.000 $ reichen, während Wettbewerberpreise zwischen 10 $ und 500 $ liegen. Ohne Anpassung dieser Unterschiede könnte das Modell dem Merkmal mit dem größeren Wertebereich (also dem Umsatz) überproportional viel Gewicht beimessen, was zu verzerrten Ergebnissen führt.

Um diese Unterschiede auszugleichen, skalieren Datentransformationstechniken alle Merkmale auf vergleichbare Wertebereiche oder Maßeinheiten, sodass das Modell ihnen die gleiche Bedeutung beimisst. Zwei weit verbreitete Methoden zur Erreichung dieses Gleichgewichts sind das **Min-Max-Scaling** und die **Z-Score-Normalisierung**.

1. Min-Max-Scaling: Das Min-Max-Scaling passt den Wertebereich eines Merkmals an ein vordefiniertes Intervall an, typischerweise [0,1]. Diese Technik sorgt dafür, dass alle Werte konsistent ausgerichtet sind und verbessert die Effizienz des Modells während des Trainings. Sie ist besonders nützlich für Merkmale wie Preise, Bewertungen oder Mengen, die innerhalb eines einheitlichen Bereichs dargestellt werden müssen.

Die Formel für das Min-Max-Scaling lautet:

$$X' = \frac{X - \min(X)}{\max(X) - \min(X)}$$

wobei X' der skalierte Wert, X der Originalwert, $\min(X)$ der Minimalwert und $\max(X)$ der Maximalwert des Merkmals ist. Diese Transformation ist besonders hilfreich, wenn für Merkmale wie Preise, Bewertungen oder Mengen ein konsistenter Wertebereich benötigt wird. Ein Einzelhändler, der Produktpreise analysiert, könnte beispielsweise das Min-Max-Scaling verwenden, um alle Preiswerte in den Bereich [0,1] zu bringen, was die Vergleichbarkeit sicherstellt und die Konvergenz des Modells beschleunigt.

2. Z-Score-Normalisierung (Standardisierung): Die Z-Score-Normalisierung transformiert Daten, indem sie um einen Mittelwert von 0 zentriert und auf eine Standardabweichung von 1 skaliert werden. Dieser Ansatz ist ideal, wenn Merkmale unterschiedliche Varianzen aufweisen oder die Daten einer Normalverteilung folgen, da so alle Variablen unabhängig von ihrer ursprünglichen Skalierung gleich behandelt werden.

Die Formel für die Z-Score-Normalisierung lautet:

$$X' = \frac{X - \mu}{\sigma}$$

wobei X' der normalisierte Wert, X der Originalwert, μ der Mittelwert des Merkmals und σ die Standardabweichung ist. Diese Methode ist besonders effektiv für Merkmale, die zu Ausreißern neigen, wie etwa das Einkommen von Kunden oder die Transaktionshäufigkeit, da sie den Einfluss extremer Werte reduziert.

Das Skalieren und Normalisieren von Daten sind entscheidende Schritte bei der Vorbereitung von Datensätzen für KI-Modelle, da sie sicherstellen, dass kein einzelnes Merkmal den Lernprozess aufgrund seiner Skalierung oder Varianz übermäßig beeinflusst. Durch die Transformation der Daten in ein einheitliches Format können KI-Modelle Muster und Zusammenhänge zwischen Variablen besser erkennen, anstatt durch unterschiedliche Skalen verzerrt zu werden. Dieser Ansatz verbessert die Präzision von Modellen zur Preisoptimierung, Kundensegmentierung und Nachfrageprognose erheblich, da alle relevanten Merkmale fair gewichtet werden.

Die Wahl zwischen Min-Max-Scaling und Z-Score-Normalisierung hängt von den Eigenschaften des Datensatzes und der jeweiligen Problemstellung ab. Min-Max-Scaling ist besonders effektiv, wenn Merkmale innerhalb eines bestimmten Bereichs liegen müssen, etwa [0,1], und eignet sich daher ideal für Datensätze mit begrenzten Größen wie Prozentsätzen oder Bewertungen. Die Z-Score-Normalisierung hingegen ist besser geeignet für Datensätze mit unterschiedlichen Einheiten oder wenn Ausreißer die Ergebnisse verfälschen könnten, da sie die Werte um einen Mittelwert von null zentriert und auf eine Standardabweichung von eins skaliert. Beide Techniken bieten einen strukturierten Ansatz zur Handhabung von Datenvariabilität und ermöglichen es KI-Systemen, genauere und verlässlichere Ergebnisse zu liefern.

3. Feature Engineering: Verfeinerung des Datensatzes

Feature Engineering zählt zu den wirkungsvollsten und innovativsten Schritten bei der Vorbereitung von Daten für KI-Modelle. Dieser Prozess umfasst die Umwandlung von Rohdaten in neue, aussagekräftige Merkmale, die die Fähigkeit des Modells verbessern, Muster und Zusammenhänge in den Daten zu erkennen. Man kann es sich vorstellen wie das Formen eines Marmorblocks zu einer fein detaillierten Statue. Effektiv umgesetzt, kann Feature Engineering verborgene Erkenntnisse aufdecken, die die Prognosekraft von KI-Modellen erheblich steigern.

Im Kontext von Preismodellen ist Feature Engineering entscheidend für die Entwicklung von Variablen, die auf den ersten Blick nicht offensichtlich sind, aber eine zentrale Rolle bei der Vorhersage von Ergebnissen und der Optimierung von Strategien spielen. Durch die gezielte Entwicklung von Merkmalen, die auf spezifische Unternehmensziele ausgerichtet sind, ermöglichen Sie KI-Systemen, präzisere Prognosen zu liefern und umsetzbare Erkenntnisse bereitzustellen, was fundiertere und strategischere Preisentscheidungen fördert.

A. Entwicklung neuer Merkmale

Ein wesentlicher Aspekt des Feature Engineerings besteht darin, aus bestehenden Daten neue Variablen zu generieren, um Muster und Erkenntnisse hervorzuheben, die für Ihr Preismodell relevant sind. Dieser Prozess umfasst häufig die Aggregation von Rohdaten zu aussagekräftigeren Kennzahlen, die das Kundenverhalten oder die Produktperformance widerspiegeln. Durch die Entwicklung dieser neuen Merkmale können Unternehmen tiefere Einblicke gewinnen, um Preisstrategien gezielt zu steuern.

So lassen sich aus Transaktionsdaten allein nicht unmittelbar Trends in Kundenloyalität, Rentabilität oder Kaufverhalten ablesen. Die Umwandlung dieser Rohdaten in konstruierte Merkmale kann jedoch wertvolle Informationen erschließen, die zu fundierteren Entscheidungen führen.

- **Durchschnittlicher Einkaufswert pro Kunde:** Die Berechnung des durchschnittlichen Betrags, den jeder Kunde innerhalb eines bestimmten Zeitraums ausgibt, liefert Einblicke in sein typisches Ausgabeverhalten.

Hochwertige Kunden sind beispielsweise möglicherweise weniger preissensibel und tolerieren eher Preiserhöhungen. Kunden mit geringeren durchschnittlichen Ausgaben hingegen könnten bereits auf kleine Preissteigerungen negativ reagieren.

- **Customer Lifetime Value (CLV):** Der CLV kombiniert historische Kaufdaten mit prädiktiven Kennzahlen, um den gesamten Umsatz zu schätzen, den ein Kunde während seiner Beziehung zu Ihrem Unternehmen generiert. Dieses Merkmal ist besonders nützlich, um wertvolle Kunden zu identifizieren und Preisstrategien so anzupassen, dass ihr Lebenszeitwert maximiert wird. Unternehmen können beispielsweise personalisierte Rabatte oder Aktionen anbieten, um die Loyalität dieser profitablen Segmente zu fördern.
- **Preiselastizität:** Die Messung, wie sich die Nachfrage bei Preisänderungen verändert, liefert Aufschluss über die Preissensitivität der Kunden. Kunden, die ein Produkt auch nach einer Preiserhöhung weiterhin kaufen, zeigen eine geringe Elastizität und sind somit weniger preissensibel. Umgekehrt reagieren Kunden, die ihre Käufe bei einer Preiserhöhung schnell reduzieren, deutlich preissensibler. Durch die Berechnung der Elastizität in verschiedenen Kundensegmenten können Unternehmen Preise dynamisch anpassen, um Umsatzsteigerung und Kundenbindung auszubalancieren.

Diese konstruierten Merkmale steigern die Effektivität von KI-Modellen erheblich, indem sie Erkenntnisse über Kundenverhalten und Marktreaktionen integrieren. Durch die Nutzung solcher Datenumwandlungen können Unternehmen ihre Preisstrategien gezielt optimieren und deren Wirkung maximieren.

B. Kodierung kategorialer Daten: Nicht-numerische Informationen nutzbar machen

In Datensätzen finden sich häufig kategoriale Variablen wie „Region", „Kundensegment" oder „Produkttyp". Diese Daten sind zwar entscheidend für das Verständnis von Trends und Verhaltensweisen, aber für maschinelles Lernen zunächst ungeeignet, da die meisten Modelle numerische Eingaben erfordern. Die kategoriale Kodierung schließt diese Lücke, indem sie nicht-numerische Kategorien in numerische Werte umwandelt, die von KI-Algorithmen effektiv verarbeitet werden können.

- **One-Hot-Encoding:** Eine der am häufigsten verwendeten Techniken ist das One-Hot-Encoding, bei dem jede eindeutige Kategorie in eine binäre Variable (0 oder 1) umgewandelt wird. Enthält beispielsweise die Spalte „Region" in Ihrem Datensatz die Kategorien „Nord", „Süd" und „Ost", werden drei separate Spalten erzeugt – je eine pro Region. Gehört eine Transaktion zur Region „Nord", wird die Spalte „Nord" mit 1 markiert, die anderen bleiben 0. So wird vermieden, dass eine Hierarchie oder Größenordnung zwischen den Kategorien suggeriert wird, wie es bei einer Kodierung mit Ganzzahlen (z. B. 1 für „Nord", 2 für „Süd" usw.) der Fall wäre. Eine solche Fehlinterpretation könnte den Lernprozess des Modells verzerren und die Prognosen beeinträchtigen.
- **Label-Encoding:** Eine weitere Methode ist das Label-Encoding, bei dem jeder Kategorie ein ganzzahliger Wert zugewiesen wird. Enthält beispielsweise eine Spalte „Servicelevel" die Werte „niedrig", „mittel" und „hoch", könnten diese als 1, 2 und 3 kodiert werden. Diese Technik eignet sich besonders, wenn die Kategorien eine natürliche Reihenfolge oder Rangfolge besitzen. In diesem Fall erkennt das Modell, dass „hoch" eine größere Bedeutung hat als „mittel" oder „niedrig", was der Datenstruktur entspricht.

Sowohl One-Hot-Encoding als auch Label-Encoding spielen eine zentrale Rolle bei der Umwandlung kategorialer Daten in maschinenlesbare Formate. Die Wahl der Methode hängt von den Eigenschaften des Datensatzes und den Beziehungen zwischen den Kategorien ab. One-Hot-Encoding wird in der Regel für nominale Daten (Kategorien ohne natürliche Reihenfolge) bevorzugt, während Label-Encoding für ordinale Daten (Kategorien mit klarer Hierarchie) besser geeignet ist.

Diese Transformationen stellen sicher, dass kategoriale Daten korrekt abgebildet und in maschinelle Lernprozesse integriert werden, sodass KI-Modelle diese Informationen effektiv in Preisstrategien und darüber hinaus nutzen können.

C. Datenaggregation: Trends über Zeit und Kundensegmente erkennen

Die Datenaggregation ist ein weiterer grundlegender Prozess im Feature Engineering, insbesondere bei Preismodellen, bei denen zentrale Erkenntnisse oft erst durch die Analyse von Trends über Zeit oder in bestimmten Kundengruppen sichtbar werden. Die Aggregation von Daten bedeutet, Roh- und Detailinformationen zu einer übergeordneten Übersicht – etwa nach

Woche, Monat oder Kundensegment – zusammenzufassen. So können Unternehmen Muster und Trends erkennen, die in detaillierten Transaktionsdaten weniger offensichtlich sind.

- **Zeitliche Aggregation:** Die Zusammenfassung von Daten über definierte Zeiträume wie Tage, Wochen oder Monate gibt Aufschluss über saisonale Trends, Schwankungen oder Nachfrageschübe, die Preisstrategien beeinflussen. Ein Einzelhändler könnte beispielsweise tägliche Verkaufsdaten auf Monatsebene aggregieren und feststellen, dass bestimmte Winterprodukte im Dezember regelmäßig besser verkauft werden. Mit diesem Wissen kann der Händler die Preise in Hochphasen gezielt anheben, um die Rentabilität zu steigern und gleichzeitig saisonale Nachfragemuster zu berücksichtigen.
- **Kundensegment-Aggregation:** Durch die Gruppierung von Daten nach Kundendemografie oder Verhaltensmerkmalen wie „loyale Kunden" oder „Gelegenheitskäufer" lassen sich für bestimmte Gruppen charakteristische Kaufgewohnheiten erkennen. Die Aggregation von Daten für umsatzstarke Kunden kann beispielsweise zeigen, dass diese weniger empfindlich auf moderate Preiserhöhungen reagieren als preissensible Segmente. Diese Erkenntnis ermöglicht es Unternehmen, Preise gezielt anzupassen, personalisierte Rabatte zu gewähren oder Premiumpreise für verschiedene Segmente beizubehalten, um den Umsatz zu maximieren, ohne wichtige Kundengruppen zu verlieren.

Die Aggregation von Daten bietet eine übergeordnete Perspektive und ermöglicht es KI-Modellen, Trends und Verhaltensmuster zu erkennen, die in Rohdaten auf Transaktionsebene verborgen bleiben. Dieser umfassendere Blick versetzt Unternehmen in die Lage, Preisstrategien dynamisch an langfristige historische Trends und aktuelle Veränderungen im Kundenverhalten anzupassen. Damit wird die Aggregation zu einem Grundpfeiler datengetriebener Entscheidungen in KI-gestützten Preissystemen.

D. Zentrale Erkenntnisse

Feature Engineering ist ein unverzichtbarer Schritt zur Steigerung der Leistungsfähigkeit und Präzision von KI-Modellen. Durch die Ableitung aussagekräftiger Merkmale aus Rohdaten statten Sie das Modell mit relevanten und aufschlussreichen Informationen aus, sodass es genauere Prognosen und umsetzbare Entscheidungen treffen kann. Im Pricing ermöglicht dieser

Prozess Strategien, die nicht nur historische Trends berücksichtigen, sondern sich auch an Kundenpräferenzen, Wettbewerbsbewegungen und externen Faktoren wie Saisonalität anpassen.

Darüber hinaus unterstützt Feature Engineering die Entwicklung verfeinerter, kundenorientierter Preisgestaltungsmodelle. Anstatt auf breite und generische Preisansätze zurückzugreifen, können Unternehmen Kunden segmentieren und Preise individuell auf deren Verhalten und Bedürfnisse zuschneiden. Dieses Maß an Personalisierung steigert sowohl die Profitabilität als auch die Kundenzufriedenheit und macht Feature Engineering zu einer wichtigen Investition im Rahmen der Datenvorbereitung.

Das wahre Potenzial KI-gestützter Preisgestaltung zeigt sich häufig in der Phase des Feature Engineerings. Durch die Umwandlung von Rohdaten in gezielte Erkenntnisse trainieren Unternehmen KI-Modelle darauf, Zusammenhänge und Muster in den Daten besser zu verstehen. Ob Sie Merkmale zur Hervorhebung des Customer Lifetime Value entwickeln, kategoriale Variablen für eine bessere Verarbeitung kodieren oder Daten aggregieren, um Trends im Zeitverlauf zu erkennen – all diese Maßnahmen bilden die Grundlage für intelligentere und anpassungsfähigere Preisstrategien. Effektives Feature Engineering fördert fundierte Entscheidungen und trägt zum Erfolg in wettbewerbsintensiven, dynamischen Märkten bei.

4. Aufteilung der Daten in Trainings- und Testsets

Sobald Ihr Datensatz bereinigt und angereichert ist, besteht der nächste Schritt darin, ihn in Trainings- und Testuntersets zu teilen. Dieser Prozess stellt sicher, dass Ihr KI-Modell effektiv lernen kann und gleichzeitig an unbekannten Daten bewertet wird, um seine Leistungsfähigkeit in realen Szenarien zu messen. Man kann es sich wie eine Prüfungsvorbereitung vorstellen: Sie lernen mit bekannten Materialien (Trainingsdaten), aber Ihr Verständnis zeigen Sie, indem Sie neue Fragen beantworten (Testdaten).

In der Regel wird ein Datensatz so aufgeteilt, dass 80 % für das Training und 20 % für das Testen verwendet werden. Die Trainingsdaten helfen dem Modell, Muster, Zusammenhänge und Trends zu erkennen, während die Testdaten beurteilen, wie gut das Modell auf bisher unbekannte Daten generalisiert. Diese Unterscheidung ist entscheidend, um Overfitting zu vermeiden – eine Situation, in der das Modell auf den Trainingsdaten außergewöhnlich gut abschneidet, aber bei neuen, unbekannten Fällen versagt.

Stellen Sie sich einen Einzelhändler vor, der KI einsetzt, um die Nachfrage nach einem bestimmten Produkt vorherzusagen. Wird die Genauigkeit des Modells nur mit den Trainingsdaten überprüft, könnte es fehlerfrei erscheinen. Solche Ergebnisse liefern jedoch keinen realistischen Maßstab für die Leistungsfähigkeit bei zukünftigen Prognosen. Durch die Verwendung eines separaten Testsets stellt der Händler sicher, dass das KI-System sich an reale Bedingungen anpassen kann und zuverlässige, umsetzbare Erkenntnisse für zukünftige Entscheidungen liefert.

Dieser Schritt bestätigt nicht nur die Robustheit des Modells, sondern schafft auch Vertrauen, dass die KI in der Lage ist, dynamische, reale Szenarien mit Konsistenz und Genauigkeit zu bewältigen.

A. Aufteilung der Daten: Initialisierung der Datensätze

Zufallsstichprobe

Die Zufallsstichprobe ist die am weitesten verbreitete Methode, um Daten in Trainings- und Testsets zu unterteilen. Diese Methode stellt sicher, dass beide Teilmengen repräsentativ für den Gesamtdatensatz sind und minimiert das Risiko verzerrter Ergebnisse. Allerdings ist ein sorgfältiges Management der Zufälligkeit entscheidend, um Ungleichgewichte zu vermeiden, etwa wenn eine Teilmenge überproportional eine bestimmte Produktkategorie oder einen bestimmten Zeitraum abbildet.

Beispiel: Stellen Sie sich einen abonnementbasierten Dienst vor, der die Abwanderung von Kunden vorhersagen möchte. Wenn das Testset überwiegend aus langjährigen Abonnenten besteht, während die Trainingsdaten hauptsächlich neuere Kunden enthalten, könnte das Modell Schwierigkeiten haben, effektiv zu generalisieren. Durch die Verwendung der Zufallsstichprobe können beide Datensätze eine ausgewogene Mischung verschiedener Kundentypen enthalten, was die Leistungsfähigkeit und Zuverlässigkeit des Modells verbessert.

Stratifizierte Stichprobe

Für Datensätze mit unausgewogenen Klassen – etwa wenn nur eine Minderheit der Kunden abwandert, während die Mehrheit bleibt – sollte die stratifizierte Stichprobe als effektive Alternative in Betracht gezogen werden. Diese Technik stellt sicher, dass sowohl das Trainings- als auch das Testset die gleiche proportionale Klassenverteilung wie der Originaldatensatz beibehalten. Dieser Ansatz ist besonders wichtig bei Preisgestaltungsmodellen, in denen verschiedene Kundensegmente wie Premium- und Standardnutzer deutlich unterschiedliche Verhaltensweisen zeigen können.

Beispiel: Ein SaaS-Unternehmen, das die Abwanderung von Premium- und Standardkunden prognostiziert, könnte vor Herausforderungen stehen, wenn ein Datensatz überproportional eine bestimmte Kundengruppe abbildet. Durch Anwendung der stratifizierten Stichprobe behalten Trainings- und Testsets die tatsächliche Verteilung dieser Kundensegmente bei und verhindern, dass das Modell verzerrte Vorhersagen trifft.

Die stratifizierte Stichprobe ist besonders vorteilhaft bei unausgewogenen Daten, da sie es KI-Modellen ermöglicht, die Feinheiten jeder Klasse besser zu erfassen und gleichzeitig faire und präzise Vorhersagen zu gewährleisten. Dies ist essenziell für den Aufbau robuster und gerechter Preisstrategien, die auf unterschiedliche Kundensegmente zugeschnitten sind.

B. Kreuzvalidierung: Modellbewertung auf dem nächsten Level

Um eine gründlichere und verlässlichere Bewertung der Leistungsfähigkeit eines KI-Modells zu erreichen, ist die K-fache Kreuzvalidierung eine wertvolle Technik. Im Gegensatz zu herkömmlichen Methoden, bei denen ein einziges Trainings- und Testset erstellt wird, teilt die K-fache Kreuzvalidierung den Datensatz in K gleich große Teilmengen oder „Folds" auf. Das Modell wird auf K-1 Folds trainiert, während der verbleibende Fold als Testset dient. Dieser Vorgang wird K-mal wiederholt, wobei jeder Fold einmal als Testset verwendet wird, sodass jeder Datenpunkt sowohl zum Training als auch zur Bewertung beiträgt.

Die Kreuzvalidierung erhöht die Aussagekraft der Modellleistungskennzahlen, indem sie den Einfluss einer möglicherweise nicht repräsentativen Datenaufteilung reduziert. Mit dieser Methode können Unternehmen Modelle umfassend bewerten und sicherstellen, dass sie auf unbekannte Daten gut generalisieren und in unterschiedlichen Szenarien zuverlässig funktionieren.

Beispiel: Betrachten Sie ein Preismodell für Flugtickets. Der Datensatz umfasst verschiedene Bedingungen wie Hauptreisezeiten, Nebensaisons und Last-Minute-Buchungen. Die K-fache Kreuzvalidierung stellt sicher, dass das Modell unter all diesen Bedingungen zuverlässig arbeitet und eine Preisstrategie liefert, die sich effektiv an eine Vielzahl realer Situationen anpasst.

Wie funktioniert das? Angenommen, ein Datensatz enthält 1000 Einträge und K wird auf 5 gesetzt:

- Der Datensatz wird in fünf gleich große Teilmengen mit jeweils 200 Einträgen aufgeteilt.
- Das Modell wird auf 800 Einträgen trainiert und auf den verbleibenden 200 getestet.
- Dieser Vorgang wird fünfmal wiederholt, wobei in jeder Iteration ein anderer Fold als Testset dient.

Die endgültige Leistungskennzahl wird berechnet, indem die Ergebnisse aller fünf Folds gemittelt werden. Dies bietet eine verlässlichere Bewertung als eine einzelne Aufteilung.

Technischer Einblick

In Python lässt sich diese Methode mit Bibliotheken wie scikit-learn umsetzen, die praktische Werkzeuge für die Kreuzvalidierung bieten. Nachfolgend ein Beispiel::

```
from sklearn.model_selection import KFold, cross_val_score
from sklearn.ensemble import RandomForestRegressor

# Beispiel-Datensatz und Modell
X = dataset.drop('target', axis=1)
y = dataset['target']
model = RandomForestRegressor()

# K-fache Kreuzvalidierung
kf = KFold(n_splits=5, shuffle=True, random_state=42)
cv_scores = cross_val_score(model, X, y, cv=kf)

print("Average CV Score:", cv_scores.mean())
```

Diese Technik stellt sicher, dass die Modellauswertung die gesamte Variabilität der Daten berücksichtigt und eine ausgewogene, verlässliche Einschätzung darüber liefert, wie das KI-System in realen Anwendungen abschneiden wird.

Die Aufteilung der Daten in Trainings- und Testsets mag wie eine einfache Aufgabe erscheinen, ist jedoch ein entscheidender Schritt bei der Entwicklung zuverlässiger KI-gestützter Preismodelle. Dieser Prozess stellt sicher, dass das Modell nicht nur bei der Analyse historischer Daten überzeugt, sondern auch bei neuen, unbekannten Szenarien präzise arbeitet.

Durch den Einsatz von Methoden wie Zufallsstichprobe, stratifizierter Stichprobe und Kreuzvalidierung können Unternehmen Preissysteme entwickeln, die zuverlässig, anpassungsfähig und skalierbar sind. Diese Techniken bilden das Fundament für Strategien, die maximale Wirkung bei minimalen Fehlern erzielen und so den Weg für langfristigen Erfolg in dynamischen Märkten ebnen.

Phase 2: Modellauswahl und Training – Den richtigen Ansatz wählen

Sobald Ihre Daten bereinigt, angereichert und in Trainings- und Testsets aufgeteilt sind, besteht die nächste wichtige Aufgabe darin, das am besten geeignete KI-Modell auszuwählen. Man kann diesen Schritt mit der Wahl des richtigen Werkzeugs für ein Heimwerkerprojekt vergleichen: Ein Hammer ist ideal, um Nägel einzuschlagen, aber zum Sägen von Holz wäre er ungeeignet. Ebenso sind verschiedene KI-Modelle für bestimmte Zwecke konzipiert, und die falsche Wahl kann zu Ineffizienz oder ungenauen Ergebnissen führen.

Die gute Nachricht ist, dass die große Vielfalt an verfügbaren KI-Modellen es wahrscheinlich macht, dass Sie eines finden, das optimal zu Ihrer spezifischen Preisgestaltungsaufgabe passt. Wenn Sie beispielsweise den optimalen Preis für ein Produkt vorhersagen möchten, sind Regressionsmodelle oft die beste Wahl. Möchten Sie hingegen Kunden in Gruppen wie „Schnäppchenjäger" oder „Premiumkäufer" einteilen, eignen sich Klassifikations- oder Clustering-Modelle besser. Entscheidend ist, Ihre Geschäftsziele genau zu verstehen und sie mit den Stärken der jeweiligen Modelle abzugleichen, sodass das gewählte KI-Werkzeug Ihre spezifischen Preisanforderungen effektiv adressiert.

Indem Sie die Fähigkeiten verschiedener KI-Modelle sorgfältig im Hinblick auf Ihre Unternehmensziele bewerten, können Sie die Genauigkeit und Wirksamkeit Ihrer Preisstrategien besser sicherstellen. Dieser durchdachte Auswahlprozess bildet die Grundlage für robuste KI-gestützte Preissysteme, die nicht nur vergangene Daten analysieren, sondern sich auch mit Präzision und Zuversicht an zukünftige Marktbedingungen anpassen.

1. Die richtigen Modelle auswählen

Bevor wir uns mit spezifischen KI-Modellen beschäftigen, sollten wir zwei verwandte, aber unterschiedliche Konzepte entwirren: KI-Technologien und

KI-Modelle. Stellen Sie sich KI-Technologien wie Machine Learning (ML), Natural Language Processing (NLP) und Reinforcement Learning (RL) als übergeordnete Rahmenwerke oder Werkzeugkästen vor, die KI ermöglichen. Sie bilden das Fundament, die Fähigkeiten und die grundlegenden Methoden, um komplexe Probleme zu lösen.

KI-Modelle hingegen sind die spezialisierten Werkzeuge, die innerhalb dieser Technologien entwickelt werden, um konkrete Aufgaben zu lösen. Wenn KI-Technologien die Werkzeugkästen sind, dann sind Modelle die Schraubenschlüssel, Schraubendreher und Hämmer, die Sie für eine bestimmte Aufgabe herausholen. Während die Technologien den allgemeinen Ansatz vorgeben, konzentrieren sich die Modelle darauf, diesen präzise und maßgeschneidert umzusetzen.

Ein Beispiel: ML ist eine KI-Technologie, die darauf abzielt, Systeme darin zu schulen, Muster zu erkennen und Vorhersagen zu treffen. Innerhalb von ML gibt es Modelle wie Regressionen zur Prognose kontinuierlicher Ergebnisse, etwa zur Vorhersage von Preistrends, sowie Klassifikationsmodelle zur Kategorisierung von Daten, beispielsweise zur Einteilung von Kunden in verschiedene Gruppen. NLP als Technologie konzentriert sich auf das Verstehen und Generieren menschlicher Sprache. Ihre Modelle, wie Transformer, helfen Unternehmen dabei, die Kundenzufriedenheit zu analysieren oder Nachfrageschwankungen zu erkennen. Ebenso nutzt RL, eine Technologie für Entscheidungsfindung in dynamischen Umgebungen, Algorithmen, um Strategien im Zeitverlauf durch Versuch und Irrtum zu optimieren.

Stellen Sie sich vor, Sie wenden diese Konzepte auf Preisstrategien an. Wenn Sie zukünftige Preistrends prognostizieren möchten, könnten Sie ein Regressionsmodell innerhalb der ML-Technologie einsetzen. Um Kunden nach ihrem Kaufverhalten zu clustern, würden Sie Clustering-Modelle wie k-means verwenden. Für Aufgaben wie die Analyse von Kundenfeedback oder -stimmung können NLP-Modelle wie BERT oder GPT unstrukturierte Texte in verwertbare Erkenntnisse umwandeln. Wenn Ihre Preisstrategie eine Anpassung an Echtzeitveränderungen erfordert, wie etwa im Ride-Sharing oder bei Flugticketpreisen, wären RL-Algorithmen die richtige Wahl, da sie Entscheidungen kontinuierlich an sich ändernde Bedingungen anpassen und optimieren.

Entscheidend ist das Verständnis, dass Technologien den Rahmen und die grundlegenden Fähigkeiten bereitstellen, während Modelle sich mit den Details beschäftigen und die spezifischen Herausforderungen lösen, die Sie angehen möchten. Wenn Sie den Unterschied zwischen KI-Technologien und KI-Modellen verstehen, können Sie die passenden Werkzeuge auswählen, um Ihre Ziele zu erreichen. Ob Preisprognosen, Kundensegmentierung oder die Optimierung von Entscheidungen in Echtzeit – zu wissen, welches Modell innerhalb welcher Technologie einzusetzen ist, stellt sicher, dass Sie das volle Potenzial von KI bei der Entwicklung Ihrer Preisstrategien ausschöpfen können.

A. Regressionsmodelle: Prognose kontinuierlicher Ergebnisse

Regressionsmodelle sind leistungsstarke Werkzeuge in der Preisanalytik und eignen sich ideal zur Prognose kontinuierlicher Variablen wie optimaler Preise, Nachfragemuster oder erwarteter Umsätze. Diese Modelle stellen mathematische Beziehungen zwischen abhängigen Variablen (z. B. Umsatz) und unabhängigen Variablen (z. B. Produktionskosten, Preise der Wettbewerber) her und decken so verwertbare Trends auf, die datenbasierte Entscheidungen unterstützen.

So nutzte beispielsweise ein Modehändler die multiple lineare Regression, um Preise für eine neue saisonale Kollektion festzulegen. Durch die Analyse von Faktoren wie Produktionskosten, historischen Verkaufszahlen, Wettbewerberpreisen und saisonalen Trends zeigte das Modell Möglichkeiten auf, die Preise für Premiumartikel zu erhöhen und gleichzeitig wettbewerbsfähige Preise für Einstiegsprodukte beizubehalten. Dieser gezielte Ansatz steigerte den saisonalen Umsatz innerhalb eines Quartals um 12 %.

Regressionsmodelle sind in der Regel leicht zu interpretieren und besonders effektiv in Preisszenarien mit kontinuierlichen Daten. Sie sind besonders wertvoll, um zukünftige Trends vorherzusagen oder den Einfluss externer Faktoren wie Marketingkampagnen auf die Verkaufsleistung zu bewerten.

B. Klassifikationsmodelle: Kategorisierung für strategische Entscheidungen

Klassifikationsmodelle sind darauf ausgelegt, Daten in vordefinierte Kategorien einzuordnen, und damit unverzichtbar für Fragen wie „Wird dieser Kunde positiv auf eine Preisänderung reagieren?" oder „Welches Kundensegment wird am ehesten ein Rabattangebot einlösen?" Diese Modelle helfen Unternehmen, fundierte Entscheidungen in großem Maßstab zu treffen.

Ein Beispiel: Eine Fitness-Abonnement-App setzte logistische Regression ein, um die Verlängerung von Mitgliedschaften vorherzusagen. Durch die Analyse von Kundenbindung, Kaufhistorie und Reaktionen auf frühere Preisänderungen identifizierte das Modell gefährdete Nutzer. Die App startete daraufhin gezielte Aktionen, wie Rabatte auf Premium-Mitgliedschaften, und steigerte so die Bindungsrate um 15 %.

Diese Modelle sind besonders stark in der Segmentierung und Zielgruppenansprache und ermöglichen es Unternehmen, Preisstrategien am Kundenverhalten auszurichten – was sowohl die Kundenzufriedenheit als auch die Profitabilität verbessert.

C. Clustering-Modelle: Verborgene Muster aufdecken

Clustering-Modelle wie k-means und hierarchisches Clustering decken Muster in Daten auf, ohne auf vordefinierte Kategorien angewiesen zu sein. Diese Modelle sind besonders effektiv bei der Segmentierung von Kunden und der Entdeckung von Trends, die maßgeschneiderte Preisstrategien ermöglichen.

Ein Unternehmen aus der Hotellerie setzte k-means-Clustering auf seine Buchungsdaten an und identifizierte Segmente wie „Vielflieger", „Last-Minute-Bucher" und „Familienurlauber". Mit diesen Erkenntnissen passte das Unternehmen seine Preise an: Treuerabatte für Vielflieger und dynamische Premiumpreise für Last-Minute-Buchungen an stark nachgefragten Terminen. Dieser Ansatz steigerte die Buchungen in der Nebensaison um 13 %.

Es ist wichtig zu beachten, dass sich Clustering-Modelle von Klassifikationsmodellen dadurch unterscheiden, dass sie Datenpunkte anhand inhärenter Ähnlichkeiten gruppieren und nicht auf Basis vordefinierter Labels. Diese Flexibilität ermöglicht es Unternehmen, unerwartete Muster zu entdecken und Preisstrategien zu entwickeln, die gezielt auf bestimmte Kundensegmente zugeschnitten sind.

D. Fortgeschrittene Modelle: Komplexe Herausforderungen meistern

Bei komplexen Preisszenarien bieten fortgeschrittene Modelle wie Random Forests, Gradient Boosting Machines und neuronale Netze robuste Lösungen. Diese Modelle sind besonders geeignet, nichtlineare Zusammenhänge und hochdimensionale Datensätze zu verarbeiten, was sie ideal für groß angelegte, komplexe Preisstrategien macht.

So implementierte ein SaaS-Unternehmen ein Random-Forest-Regressionsmodell, um die Nachfrage nach Abonnementdiensten vorherzusagen. Das Modell integrierte verschiedene Faktoren, darunter demografische

Nutzerdaten, Engagement-Metriken und wirtschaftliche Indikatoren wie Inflation. Durch das Feintuning von Hyperparametern wie der Anzahl der Bäume und der maximalen Tiefe konnte die Genauigkeit des Modells um 22 % gesteigert werden, was dem Unternehmen ermöglichte, seine gestaffelten Preismodelle zu optimieren und die Kundengewinnung zu verbessern.

Trotz ihres hohen Rechenaufwands sind diese Modelle in der Lage, tiefgreifende Erkenntnisse aus dynamischen Datensätzen zu gewinnen, und sind daher für Unternehmen in wettbewerbsintensiven, datenreichen Umgebungen unverzichtbar.

E. Alles zusammenführen

Die Auswahl der richtigen KI-Modelle für die Preisgestaltung ist sowohl Kunst als auch Wissenschaft. Sie erfordert die Abstimmung der Unternehmensziele mit den jeweiligen technischen Stärken der einzelnen Modelle. So eignen sich Regressionsmodelle besonders für präzise Prognosen, Klassifikationsmodelle unterstützen Entscheidungsprozesse, Clustering-Modelle decken verborgene Muster auf und neuronale Netze bewältigen hochkomplexe Szenarien. Jedes Werkzeug erfüllt einen eigenen Zweck, doch die Herausforderung besteht darin, die beste Lösung für die individuellen Anforderungen der Preisgestaltung zu finden – eine Aufgabe, die KI selbst zunehmend vereinfacht.

Fortschritte in AutoML (Automated Machine Learning) und Meta-Learning machen KI-Systeme immer intelligenter darin, geeignete Modelle für verschiedene Datensätze und Zielsetzungen zu empfehlen. Diese Tools analysieren die Eigenschaften der Daten, Problemstellungen und Zielgrößen, um Modelle vorzuschlagen, die den Unternehmensprioritäten entsprechen. So könnte ein AutoML-System Regressionen für Elastizitätsprognosen oder Clustering zur Identifikation von Kundensegmenten für gezielte Preisstrategien empfehlen. In manchen Fällen gehen diese Systeme über Empfehlungen hinaus, indem sie Modelle für den Einsatz optimieren und so den manuellen Aufwand erheblich reduzieren.

Auch wenn KI die Modellauswahl erleichtern kann, bleibt menschliche Expertise auf absehbare Zeit unverzichtbar. KI ist gut darin, technische Leistung zu bewerten und Parameter zu optimieren, kann aber strategische Feinheiten, für die sie nicht trainiert wurde, oft nicht erfassen. Entscheidungen wie das Abwägen von Genauigkeit und Nachvollziehbarkeit in regulierten Branchen oder die Ausrichtung von Preisstrategien auf langfristige Markenziele erfordern menschliches Urteilsvermögen. Diese Verbindung aus rechnerischer Präzision und strategischem Weitblick stellt sicher, dass Preisgestaltungsmodelle auch in der Praxis Wirkung entfalten.

Die eigentliche Stärke von KI in der Preisgestaltung zeigt sich, wenn sie sich vom reinen Analysewerkzeug zum Innovationstreiber entwickelt. Richtig integriert, ermöglicht KI Unternehmen, über reaktive Anpassungen hinauszugehen und proaktive Strategien zu verfolgen, die Kundenverhalten und Marktdynamik antizipieren. Diese Systeme entwickeln sich mit der Zeit weiter, verfeinern die Modellauswahl und verbessern Empfehlungen, sobald neue Daten und Trends auftreten.

In einem sich ständig verändernden und wettbewerbsintensiven Umfeld ist diese Synergie aus menschlicher Expertise und KI-gestützten Lösungen entscheidend. Unternehmen, die KI gezielt einsetzen, können intelligentere, schnellere und anpassungsfähigere Preisstrategien entwickeln und so den Weg für nachhaltiges Wachstum und Resilienz in unsicheren Märkten ebnen.

2. Das Modell trainieren: Die Phase, in der Erkenntnisse Gestalt annehmen

Das Training eines KI-Modells ist der entscheidende Moment, in dem die Vorbereitung in verwertbare Erkenntnisse mündet. In dieser Phase kommen Datenaufbereitung, Feature Engineering und Modellauswahl zusammen, sodass die KI aus den Mustern und Zusammenhängen in den Daten lernen kann. Dieser Prozess ist sowohl spannend als auch akribisch und erinnert oft an die Präzision beim Zubereiten eines komplexen Rezepts. Jede Variable fungiert als Zutat, während Parameter das Gewürz darstellen, das sorgfältig abgestimmt werden muss, um das gewünschte Ergebnis zu erzielen. Und wie bei jedem fein abgestimmten Prozess sind oft mehrere Iterationen nötig, um Perfektion zu erreichen.

In dieser Phase analysiert das KI-Modell die Trainingsdaten, um Muster zu erkennen, die die Grundlage für seine Vorhersagen oder Entscheidungen bilden. Die Entwicklung eines leistungsfähigen Modells erfordert sorgfältiges Feintuning, wiederholtes Testen und eine Leistungsbewertung, um sicherzustellen, dass das Modell auch auf neue, unbekannte Daten gut generalisiert. Gleichzeitig sollte Overfitting vermieden werden, bei dem das Modell spezifische Trainingsdaten auswendig lernt, anstatt allgemeine Trends zu erfassen.

Zur Veranschaulichung: Ein Unternehmen nutzt KI, um optimale Produktpreise zu ermitteln. Während des Trainings analysiert das Modell

Variablen wie historische Verkaufsdaten, saisonale Trends und Wettbewerberpreise. Ziel ist es, Muster zu erkennen, die vorhersagen, wie sich Preisänderungen auf die Kundennachfrage auswirken. Doch um zuverlässige Prognosen zu erzielen, sind Experimente mit verschiedenen Algorithmen, das Feintuning von Hyperparametern und die Validierung der Modellgenauigkeit anhand von Testdaten erforderlich. Dieser iterative Prozess stellt sicher, dass das finale Modell reale Szenarien abbilden und fundierte, vertrauenswürdige Preisempfehlungen liefern kann.

Durch eine sorgfältige Steuerung der Trainingsphase können Unternehmen Rohdaten in einen strategischen Vorteil verwandeln und mithilfe von KI intelligentere, anpassungsfähigere Preisentscheidungen treffen. In dieser Phase geschieht die eigentliche Magie.

A. Beginn mit Basisparametern

Jedes erfolgreiche KI-Modell beginnt mit einem grundlegenden Rahmen, der oft als Basisparameter bezeichnet wird. Man kann sich diese als den ersten Entwurf vorstellen, um Annahmen zu testen und die übergeordnete Struktur des Modells zu verstehen. In dieser Phase sollte Perfektion nicht das Ziel sein; vielmehr geht es darum, einen funktionalen Ausgangspunkt zu setzen, um frühzeitig Trends und potenzielle Probleme mit den Daten oder dem Ansatz zu erkennen.

Baseline-Modelle dienen dazu, ein Gefühl dafür zu bekommen, wie das System funktioniert, bevor gezieltere Anpassungen vorgenommen werden. Es ist vergleichbar mit dem Eintauchen der Zehenspitzen ins Wasser, bevor man ganz hineinspringt – so erhält man Einblicke in das Verhalten der Daten und kann bestimmen, welche Anpassungen notwendig sind. Durch den Start mit einfachen, standardmäßigen Einstellungen wird der Prozess gestrafft und Raum für iterative Verbesserungen geschaffen.

Wenn beispielsweise ein Preismodell für eine Einzelhandelskette entwickelt wird, kann ein einfaches lineares Regressionsmodell mit Standardeinstellungen bereits wichtige Muster aufzeigen, wie etwa den starken Einfluss von Konkurrenzpreisen und den geringeren Einfluss saisonaler Trends. Diese „Low-Hanging Fruits" sind entscheidend, um nachfolgende Verfeinerungen im Feature Engineering und bei der Datenanreicherung zu steuern.

Für den Aufbau eines Baseline-Modells sind weder fortgeschrittene Algorithmen noch tiefgehende technische Kenntnisse erforderlich. Es handelt sich um einen unkomplizierten Schritt, der wertvolle Grundlagen für weiterführende, anspruchsvollere Iterationen liefert. Hier ein einfaches Beispiel in Python, das zeigt, wie man mit einfachen Parametern startet:

```python
from sklearn.linear_model import LinearRegression
from sklearn.model_selection import train_test_split
from sklearn.metrics import mean_squared_error
import pandas as pd

# Daten laden und vorbereiten
data = pd.read_csv("pricing_data.csv")
    X = data[['historical_sales', 'competitor_prices', 'promotions']]
    y = data['optimal_price']

# Aufteilen in Trainings- und Testdaten
    X_train, X_test, y_train, y_test = train_test_split(X, y, test_size=0.2, random_state=42)

# Baseline-Modell trainieren
model = LinearRegression()
model.fit(X_train, y_train)

# Modell evaluieren
y_pred = model.predict(X_test)
mse = mean_squared_error(y_test, y_pred)
print(f"Baseline M.ean Squared Error: {mse:.2f}")
```

Dieser einfache Workflow ermöglicht eine erste Bewertung der Modellleistung und hilft dabei, Bereiche zu identifizieren, die einer Verfeinerung bedürfen. Zeigt das Baseline-Modell Inkonsistenzen oder erkennt es irrelevante Merkmale, können Anpassungen am Datensatz vorgenommen werden, um die Genauigkeit zu erhöhen.

Auch wenn Baseline-Modelle keine bahnbrechenden Ergebnisse liefern, erfüllen sie eine zentrale Funktion im Entwicklungszyklus von KI:

Potenzielle Lücken identifizieren: Stimmen die Vorhersagen beispielsweise nicht mit der saisonalen Nachfrage überein, deutet dies darauf hin, dass Saisonalitätsindikatoren aufgenommen werden sollten.

Bedeutung von Merkmalen validieren: Hat der Konkurrenzpreis konstant Einfluss auf die Vorhersagen, sollte diesem Aspekt beim Feature Engineering besondere Aufmerksamkeit geschenkt werden.

Zeitersparnis: Durch das frühzeitige Aufdecken grundlegender Probleme helfen Baseline-Modelle, den aufwändigen Aufbau komplexerer Modelle zu vermeiden, die ohne Behebung der Basisprobleme keine besseren Ergebnisse liefern würden.

Basisparameter helfen zu verstehen, was funktioniert, was nicht und worauf sich die weiteren Bemühungen konzentrieren sollten. Einfach zu beginnen ist nicht nur ein pragmatischer, sondern ein essenzieller Ansatz. Durch die Reflexion der ersten Ergebnisse und die Verfeinerung der Strategien wird das Fundament für fortgeschrittene Modelle und fundiertere Preisentscheidungen gelegt.

B. Hyperparameter-Optimierung

Sobald das Baseline-Modell einsatzbereit ist, folgt als nächster Schritt die Hyperparameter-Optimierung – ein Prozess, der dem Feintuning eines Audiosystems ähnelt. Die Hyperparameter-Optimierung hilft, das Maximum aus dem KI-Modell herauszuholen und ermöglicht es, tiefere Muster und Feinheiten in den Daten zu erkennen.

In einem Random-Forest-Modell beispielsweise beeinflusst die Anzahl der Bäume (n_estimators) sowohl die Genauigkeit als auch die Rechenkosten. Sind es zu wenige Bäume, übersieht das Modell Muster; sind es zu viele, steigen die Rechenkosten, ohne dass die Genauigkeit wesentlich zunimmt. Durch das Feintuning solcher Einstellungen kann das Modell ein ausgewogenes Verhältnis finden. Es gibt drei typische Methoden zur Hyperparameter-Optimierung:

1. Grid Search
   Grid Search prüft systematisch alle möglichen Kombinationen vordefinierter Parameterwerte. Diese Methode ist zwar gründlich, kann aber sehr rechenintensiv sein.
   Beispiel: Eine abonnementbasierte Fitness-App nutzte Grid Search, um die Regularisierungsparameter eines logistischen Regressionsmodells zu optimieren. Durch die Eingrenzung des Wertebereichs konnten die Retentionsprognosen um 12 % verbessert werden.
2. Random Search
   Random Search testet zufällig ausgewählte Kombinationen von Hyperparametern. Diese Methode ist schneller als Grid Search und liefert oft vergleichbare Ergebnisse, insbesondere bei komplexen Modellen.
   Beispiel: Ein SaaS-Unternehmen setzte Random Search ein, um ein neuronales Netzwerk zu optimieren, insbesondere hinsichtlich Schichtgrößen und Aktivierungsfunktionen. Dieser Ansatz reduzierte die Churn-Prognosen um 10 % in der Hälfte der Zeit, die Grid Search benötigt hätte.

3. Automatisierte Optimierung
Fortschrittliche Tools wie die Bayessche Optimierung nutzen probabilistische Modelle, um die besten Parameter zu bestimmen. Diese Methoden beschleunigen die Optimierung, indem sie die vielversprechendsten Kombinationen priorisieren.
Beispiel: Ein regionaler Einzelhändler setzte Bayessche Optimierung ein, um sein Random-Forest-Modell zu verfeinern, und erreichte so eine 15%ige Verbesserung der Prognosegenauigkeit für den Umsatz bei minimalem Rechenaufwand (Géron 2019).

So lässt sich die Hyperparameter-Optimierung mittels Grid Search mit scikit-learn durchführen::

```
from sklearn.ensemble import GradientBoostingRegressor
from sklearn.model_selection import GridSearchCV

# Daten laden
X = data[['historical_sales', 'competitor_prices', 'promotions']]
y = data['optimal_price']

# Modell definieren
model = GradientBoostingRegressor()

# Hyperparameter-Raster definieren
param_grid = {
    'n_estimators': [50, 100, 150],
    'max_depth': [3, 5, 7],
    'learning_rate': [0.01, 0.1, 0.2]
}

# Grid Search durchführen
grid_search = GridSearchCV(estimator=model, param_grid=param_grid, cv=5, scoring='neg_mean_squared_error')
grid_search.fit(X, y)

# Beste Parameter
print(f"Best Parameters: {grid_search.best_params_}")
```

Dieses Skript bewertet verschiedene Kombinationen von n_estimators, max_depth und learning_rate und wählt diejenige aus, die den Vorhersagefehler minimiert.

Die Hyperparameter-Optimierung ist ein iterativer Prozess, der Geduld erfordert, sich aber durch deutliche Leistungssteigerungen auszahlt. Bereits kleine Anpassungen der Hyperparameter können zu erheblichen Verbesserungen der Vorhersagegenauigkeit oder Effizienz führen. Feinabgestimmte Modelle erfassen Nuancen besser und sind anpassungsfähiger an dynamische, reale Umgebungen. Hyperparameter-Optimierung dient nicht nur der Verbesserung eines Modells; das eigentliche Ziel ist es, eine Lösung zu entwickeln, die optimal zu den individuellen Preisgestaltungsherausforderungen passt und deren volles Potenzial ausschöpft.

C. Bewertung mit Testdaten

Sobald Ihr Modell trainiert wurde, ist es an der Zeit zu überprüfen, wie gut es in der realen Welt – oder zumindest in einer simulierten Version davon – abschneidet. Die Bewertung ist der Moment der Wahrheit, in dem Ihr sorgfältig konstruiertes Modell auf neue, unbekannte Daten trifft. Es ist ein wenig so, als würde man ein neues Rezept an Gästen ausprobieren. Sie hoffen, dass es überzeugt, aber vielleicht sind noch ein paar Anpassungen nötig, bevor es perfekt ist.

Die Bewertung mit Testdaten stellt sicher, dass Ihr Modell generalisieren kann, das heißt, es erzielt nicht nur auf den Trainingsdaten gute Ergebnisse, sondern auch in neuen Szenarien. Ohne diesen Schritt riskieren Sie, ein überangepasstes Modell zu entwickeln, das die Trainingsdaten auswendig lernt, anstatt sinnvolle Muster zu erkennen.

Der Prozess besteht darin, Ihr Testdatenset in das trainierte Modell einzuspeisen und die Vorhersagen des Modells mit den tatsächlichen Ergebnissen zu vergleichen. Gerade bei Preisgestaltungsanwendungen sind die Einsätze hoch: Ein leistungsschwaches Modell kann zu Umsatzeinbußen oder unzufriedenen Kunden führen. Die Bewertungsmetriken variieren je nach verwendetem Modelltyp:

- Für Regressionsmodelle misst der **Mean Squared Error (MSE)** den durchschnittlichen quadrierten Unterschied zwischen vorhergesagten und tatsächlichen Werten. Kleinere Werte deuten auf bessere Vorhersagen hin.
- Für Klassifikationsmodelle bewerten Metriken wie **Genauigkeit**, **Präzision** und **Recall**, wie effektiv das Modell Daten kategorisiert. Diese sind besonders nützlich für binäre Entscheidungen, etwa ob ein Kunde eine Preiserhöhung akzeptiert.
- Für Cluster-Modelle bewertet der **Silhouette Score**, wie gut definiert und voneinander abgegrenzt die identifizierten Cluster sind.

2 Die Bausteine KI-gestützter Preisgestaltung

Die Bewertung eines Regressionsmodells mit Testdaten umfasst typischerweise die Berechnung wichtiger Kennzahlen wie des MSE. Hier ein Beispiel mit Python:

```
from sklearn.ensemble import RandomForestRegressor
from sklearn.model_selection import train_test_split
from sklearn.metrics import mean_squared_error
import pandas as pd

# Daten laden
data = pd.read_csv("pricing_data.csv")
X = data[['demand', 'competitor_prices', 'seasonal_index']]
y = data['optimal_price']

# Aufteilen der Daten in Trainings- und Testsets
    X_train, X_test, y_train, y_test = train_test_split(X, y, test_size=0.2, random_state=42)

# Modell trainieren
    model = RandomForestRegressor(n_estimators=100, random_state=42)
    model.fit(X_train, y_train)

# Modell bewerten
y_pred = model.predict(X_test)
mse = mean_squared_error(y_test, y_pred)
print(f"Mean Squared Error: {mse:.2f}")
```

Dieser Prozess zeigt Abweichungen zwischen vorhergesagten und tatsächlichen Ergebnissen auf und liefert Hinweise für Anpassungen zur Verbesserung des Modells.

Die Modellauswertung ist keine einmalige Aufgabe. Kennzahlen wie MSE (Mean Squared Error), Genauigkeit und Silhouette Scores dienen als Wegweiser und zeigen, wo das Modell stark ist und wo es Schwächen hat. Die Interpretation dieser Metriken ist jedoch entscheidend, um die Modellleistung über bloße Zahlen hinaus zu verstehen. Ein niedriger MSE etwa zeigt, dass die Vorhersagen des Modells nahe an den tatsächlichen Werten liegen, aber es muss sichergestellt werden, dass das Modell nicht auf Rauschen oder Ausreißer überangepasst ist. Die Genauigkeit wird zwar oft als allgemeiner Indikator verwendet, kann aber bei unausgewogenen Datensätzen irreführend sein, wenn eine hohe Genauigkeit allein durch die Vorhersage der Mehrheitsklasse (d. h. der Klassenbezeichnung mit den meisten Instanzen in einem Datensatz bei einem Klassifikationsproblem) erreicht wird. In solchen Fällen bieten zusätzliche Metriken wie Präzision, Recall und F1-Score tiefere Einblicke in die Leistung, insbesondere bei seltenen Ereignissen oder Anomalien.

Silhouette Scores, die häufig bei Clustering-Aufgaben eingesetzt werden, messen, wie gut jeder Punkt in seinen zugewiesenen Cluster passt. Ein hoher Silhouette Score deutet darauf hin, dass das Modell klar abgegrenzte und sinnvolle Gruppen gebildet hat, während ein niedriger Wert auf schlecht definierte oder sich überschneidende Cluster hindeutet.

Iteration ist entscheidend. Die Verfeinerung des Modells auf Basis dieser Erkenntnisse kann die Leistung erheblich steigern. Die Bewertung ist nicht nur eine Frage der Rohwerte, sondern des Verständnisses, was diese über das Modellverhalten aussagen und wo Anpassungen notwendig sind.

Die Bewertung schlägt die Brücke zwischen theoretischer Modellierung und praktischer Anwendung. Sie stellt sicher, dass Ihr KI-Preissystem nicht nur auf dem Papier funktioniert, sondern auch in realen Szenarien Mehrwert liefert. Durch sorgfältiges Testen und Iterieren können Sie ein robustes Modell entwickeln, das sich an dynamische Marktbedingungen anpasst, den Kundenerwartungen entspricht und zu einer verbesserten finanziellen Performance führt.

D. Iteration und Verbesserung des Modells

Das Training eines Modells ist ein iterativer Prozess. Wenn das Trainieren eines Modells dem Kochen eines neuen Rezepts gleicht, dann ist die Iteration der Schritt, in dem wahre Meisterschaft entsteht. Sie haben ein Gericht, das essbar, vielleicht sogar schmackhaft ist, aber mit ein paar Anpassungen könnte es außergewöhnlich werden. In diesem Schritt geht es darum, Ihr KI-Modell zu verfeinern, zu testen, zu lernen und anzupassen, bis es so konsistent und präzise wie möglich arbeitet.

Iteration ist das Herzstück einer erfolgreichen KI-Implementierung. Selbst das robusteste Modell kann selten alle Herausforderungen beim ersten Durchlauf meistern. Marktbedingungen ändern sich, Kundenverhalten entwickelt sich weiter und manchmal erweisen sich anfängliche Annahmen als fehlerhaft. Deshalb ist die Iteration unerlässlich, um ein Modell zu entwickeln, das langfristig relevant und effektiv bleibt.

Die erste Version Ihres Modells liefert wertvolle Erkenntnisse – nicht nur über die Vorhersagen, sondern auch über die zugrunde liegenden Daten und die Annahmen im Modellaufbau. Häufig zeigen diese ersten Durchläufe überraschende Muster oder Lücken, die zuvor nicht offensichtlich waren. Nehmen wir zum Beispiel eine Regionalfluggesellschaft, die ein dynamisches Preismodell für Sitzplatzbuchungen eingeführt hat. Während das Modell anfangs gute Ergebnisse lieferte, zeigte die Analyse nach dem Start, dass es mit der Nachfrage am Wochenende Schwierigkeiten hatte. Durch die Überprüfung der Vorhersagen und eine erneute Analyse des Datensatzes stellte das Team fest, dass sich Buchungsmuster an Wochentagen und Wochenenden deutlich unterschieden und jeweils eigene Merkmalssets erforderten. Diese Erkenntnis wäre ohne Iteration nicht möglich gewesen.

Die Verbesserung eines Modells bietet die Möglichkeit zu experimentieren, Parameter zu optimieren, neue Merkmale hinzuzufügen oder sogar alternative Modelle zu testen. Iteration bedeutet auch, die Merkmale anzupassen. Sie könnten feststellen, dass externe Faktoren wie regionale Feiertage oder Aktionen von Wettbewerbern einen stärkeren Einfluss auf das Kundenverhalten haben als bisher angenommen. Die Einbeziehung dieser Variablen kann die Wirksamkeit des Modells erheblich steigern.

Versionskontrollsysteme wie **DVC (Data Version Control)** helfen dabei, Änderungen an Datensätzen und Modellen nachzuverfolgen und so die Reproduzierbarkeit sicherzustellen. Automatisierte Machine-Learning-Plattformen (AutoML) wie H2O.ai und Google AutoML können die Experimentierphase beschleunigen, indem sie auf Basis erster Ergebnisse Modellverbesserungen vorschlagen.

Auch Methoden zur Hyperparameter-Optimierung wie die **Bayessche Optimierung** spielen während der Iteration eine wichtige Rolle. Durch die systematische Erkundung des Parameterraums finden diese Techniken Einstellungen, die Genauigkeit, Effizienz und Interpretierbarkeit in Einklang bringen.

Iteration sollte als eine Reihe überschaubarer Experimente und nicht als umfassende Überarbeitung angegangen werden. Für jeden Zyklus gilt:

1. Analysieren Sie die Modellleistung auf Test- und Validierungsdaten.
2. Identifizieren Sie spezifische Schwächen oder unerwartete Muster.
3. Passen Sie Parameter, Merkmale oder sogar den Algorithmus an, um diese Probleme zu adressieren.
4. Trainieren und bewerten Sie das Modell erneut, um Verbesserungen zu messen.

Nachfolgend ein Beispiel für das Training und die Bewertung eines Random-Forest-Regressionsmodells mit Python:

```
from sklearn.ensemble import RandomForestRegressor
from sklearn.model_selection import GridSearchCV

# Daten laden und aufteilen
X = data[['demand', 'competitor_prices', 'seasonal_index']]
y = data['optimal_price']
   X_train, X_test, y_train, y_test = train_test_split(X, y, test_size=0.2, random_state=42)

# Basismodell definieren
model = RandomForestRegressor(random_state=42)

# Iterative Verbesserung mit Grid Search
param_grid = {
    'n_estimators': [100, 200, 300],
    'max_depth': [None, 10, 20],
    'min_samples_split': [2, 5, 10]
}
   grid_search = GridSearchCV(estimator=model, param_grid=param_grid, cv=5, scoring='neg_mean_squared_error')
   grid_search.fit(X_train, y_train)

# Bestes Modell bewerten
best_model = grid_search.best_estimator_
y_pred = best_model.predict(X_test)
mse = mean_squared_error(y_test, y_pred)
print(f"Improved Mean Squared Error: {mse:.2f}")
```

Dieser iterative Prozess verbessert die Modellleistung, indem systematisch Parameterkombinationen getestet und die bestmögliche Konfiguration ausgewählt wird. In der Iteration entfaltet KI ihr volles Potenzial und verschiebt die Grenzen des Machbaren. Jeder Zyklus der Verfeinerung bringt Sie einem Modell näher, das Ihre Preisziele erfüllt und sich an die Besonderheiten Ihres Marktes anpasst.

3. Experimentierfreude und Präzision in Einklang bringen: KI-Modelle trainieren

Das Training von Modellen vereint Elemente von Kreativität und systematischer Analyse. Es erfordert ständiges Experimentieren, iterative Verfeinerungen und das Lernen aus Rückschlägen. Selten liefert ein Modell bereits beim ersten Durchlauf perfekte Ergebnisse. Doch durch sorgfältige Anpassungen und beharrlichen Einsatz können Unternehmen das Beste aus den Möglichkeiten der KI herausholen.

Denken Sie an das zuvor erwähnte Beispiel eines Kunden aus der Hotelbranche. Anfangs hatte dessen KI-Modell mit inkonsistenten Vorhersagen zu kämpfen. Durch die Verfeinerung der Modellparameter und die Integration neuer Merkmale, wie etwa die Berücksichtigung saisonaler Trends, gelang schließlich der Durchbruch. Das aktualisierte Modell steigerte nicht nur die Buchungsraten, sondern lieferte auch tiefere Einblicke in Kundenpräferenzen und ebnete so den Weg für gezieltere Marketing- und Preisstrategien.

Der Schlüssel zu erfolgreichem KI-gestütztem Pricing liegt darin, das gewählte Modell mit den individuellen Unternehmenszielen und den Eigenschaften des Datensatzes in Einklang zu bringen. Das komplexeste oder modernste Verfahren ist nicht zwangsläufig die beste Lösung. Entscheidend ist, das Modell bewusst auszuwählen und zu trainieren, das am besten zum jeweiligen Problem passt. Mit den richtigen Methoden können Unternehmen KI nutzen, um intelligentere, schnellere und reaktionsfähigere Preisstrategien zu entwickeln. Diese Anpassungsfähigkeit führt zu greifbaren Vorteilen wie höherer Profitabilität, stärkeren Kundenbeziehungen und einem Wettbewerbsvorteil in einem zunehmend dynamischen Marktumfeld.

Phase 3: KI-Lösungen skalieren – Vom Pilotprojekt zum unternehmensweiten Einsatz

Jetzt wird es ernst. Sie haben Ihr KI-Modell entwickelt, es mit Testdaten erprobt und sind bereit für den Rollout. Doch bei der Implementierung treten oft unerwartete Herausforderungen auf.

Betrachten wir das Beispiel einer landesweiten Supermarktkette, die dynamische Preise für verderbliche Waren testete. Die ersten Ergebnisse waren beeindruckend: Sie konnten Lebensmittelabfälle um 15 % reduzieren und den Umsatz um 10 % steigern. Doch als die Ausweitung des Programms angekündigt wurde, regten sich Widerstände bei den Filialleitern. „KI kann unsere Kunden niemals so verstehen wie wir", protestierte ein Filialleiter während einer Besprechung.

Die Unternehmensleitung wischte diese Bedenken nicht einfach beiseite. Stattdessen nahm sie sich die Zeit, die Funktionsweise des KI-Systems zu erläutern und betonte, dass die Filialleiter die Empfehlungen weiterhin übersteuern könnten. Dieser kooperative Ansatz verwandelte Skeptiker in

Befürworter und ebnete den Weg für eine erfolgreiche unternehmensweite Einführung.

Die Skalierung von KI ist ebenso eine Frage des Vertrauensaufbaus wie der Software-Einführung. Ihr Team muss verstehen, dass KI nicht dazu da ist, sie zu ersetzen. Sie soll ihre Arbeit erleichtern und wirkungsvoller machen. Implementierung und Skalierung bedeuten, aus einem eleganten Prototypen ein zuverlässiges Arbeitspferd zu machen, das sich nahtlos in die Abläufe Ihres Unternehmens einfügt. Und wie beim Autofahren gibt es auch bei der Einführung von KI-basierten Preisstrategien so manche Unebenheit auf dem Weg.

1. Die Herausforderungen der Implementierung

Die Einführung von KI im Pricing ist kein Plug-and-Play-Prozess. Sie ist transformativ, aber oft komplex. Die potenziellen Vorteile sind enorm, doch der Weg zur erfolgreichen Implementierung ist mit Herausforderungen gepflastert. Schauen wir uns an, was diese Reise schwierig macht und wie Unternehmen diese Hürden effektiv meistern können.

A. Integration in bestehende Systeme

Eine der größten Hürden ist die Integration von KI in ein Geflecht aus Altsystemen. Viele Unternehmen nutzen unterschiedliche Plattformen für Vertrieb, Lagerhaltung und Kundendaten, die oft nicht effektiv miteinander kommunizieren. Die Implementierung von KI in solch fragmentierten Systemlandschaften erfordert sorgfältige Planung und häufig erhebliche Investitionen.

So stellte ein Einzelhändler bei der Einführung dynamischer Preise fest, dass sein Lagerverwaltungssystem keine Echtzeit-Updates ermöglichte. Diese Diskrepanz führte dazu, dass von der KI beworbene Online-Rabatte nicht dem tatsächlichen Lagerbestand in den Filialen entsprachen – sehr zum Ärger der Kunden. Um das Problem zu lösen, führte das Unternehmen eine Middleware-Plattform ein, die die Systeme synchronisierte, einen nahtlosen Datenfluss ermöglichte und die operative Effizienz steigerte (Linardatos et al. 2020).

Die Integration kann mühsam und schmerzhaft sein. Unternehmen müssen ihre bestehende Infrastruktur evaluieren, Lücken identifizieren und Investitionen in skalierbare Lösungen priorisieren, die die Interoperabilität der Systeme fördern.

B. Widerstand gegen Veränderungen

KI eröffnet Potenziale für intelligentere Preisstrategien, doch ihre Einführung stößt häufig auf Widerstand. Teams, die an traditionelle manuelle Prozesse gewöhnt sind, fürchten Kontrollverlust oder teure Fehler, und die Vorstellung, Algorithmen komplexe Preisentscheidungen zu überlassen, wirkt oft unpersönlich und kontraproduktiv.

Ein Konsumgüterunternehmen etwa führte ein KI-gestütztes Promotion-Tool ein, doch der anfängliche Widerstand des Vertriebsteams drohte das Projekt zu gefährden. Viele sahen den Algorithmus als Bedrohung ihrer Expertise. Um diese Bedenken auszuräumen, bezogen die Unternehmensverantwortlichen die Vertriebsmitarbeiter frühzeitig in die Entwicklung ein und berücksichtigten deren Feedback bei der Verfeinerung des KI-Systems. Zudem wurden die Ergebnisse eines Pilotprogramms – eine Effizienzsteigerung von 12 % bei Promotionen – transparent kommuniziert, um Vertrauen zu schaffen und Unterstützung für die Skalierung zu gewinnen (Davenport und Ronanki 2018).

Akzeptanz für KI entsteht durch Transparenz und Zusammenarbeit. Kleine Pilotprojekte, die klare Vorteile aufzeigen, können helfen, Vertrauen und Unterstützung in verschiedenen Teams zu fördern.

C. Sicherstellung des Datenschutzes

Datenschutz ist ein zentrales Thema bei der Einführung von KI, insbesondere angesichts von Regularien wie der Datenschutz-Grundverordnung (DSGVO) in der EU und dem California Consumer Privacy Act (CCPA). Diese Vorschriften geben strenge Richtlinien für die Erhebung, Verarbeitung und Speicherung von Daten vor; Verstöße können zu erheblichen Strafen führen.

Ein E-Commerce-Abonnementdienst, der personalisierte Preise einführen wollte, hatte Schwierigkeiten, KI-Innovationen mit Datenschutzanforderungen in Einklang zu bringen. Um diese Herausforderungen zu meistern, wurden Anonymisierungsmethoden und föderiertes Lernen eingesetzt, sodass KI-Modelle mit dezentralen Datenquellen trainiert werden konnten. Diese Strategie ermöglichte die Einhaltung der Datenschutzvorgaben, ohne die Leistungsfähigkeit der Modelle einzubüßen (Rieke et al. 2020).

Um die Einhaltung der Vorschriften zu gewährleisten, sollten Unternehmen ihre Rechtsabteilungen frühzeitig in die KI-Entwicklung einbinden und datenschutzfreundliche Methoden wie Differential Privacy oder Secure

Multiparty Computation implementieren. Zudem stärkt eine klare und transparente Kommunikation mit den Kunden über die Datennutzung das Vertrauen und die Kundenbindung.

D. Hürden erfolgreich meistern

Die Einführung KI-gestützter Preisstrategien kann eine anspruchsvolle Aufgabe sein. Von der Integration neuer KI-Tools in Altsysteme über die Überwindung von Widerständen in den Teams bis hin zur Einhaltung strenger Datenschutzvorgaben – der Prozess kann überwältigend wirken. Doch gerade diese Herausforderungen bieten die Chance, eine robustere und flexiblere Basis für künftige Innovationen zu schaffen.

Eine der ersten Hürden betrifft meist die Integration. Viele Organisationen setzen weiterhin auf veraltete Systeme, die nicht reibungslos mit moderner Technologie zusammenarbeiten. Ein weiteres großes Hindernis ist der Widerstand gegen Veränderungen. Teams, die an manuelle Entscheidungsprozesse gewöhnt sind, begegnen KI oft mit Skepsis. In einem Beispiel konnte ein Fertigungsunternehmen Bedenken ausräumen, indem es KI schrittweise einführte und mit einem Pilotprojekt begann, das den Mehrwert klar belegte. Transparente Kommunikation und die Einbindung wichtiger Stakeholder halfen, anfängliche Skeptiker zu Befürwortern der Technologie zu machen (Davenport und Ronanki 2018). Darüber hinaus bleibt der Datenschutz ein zentrales Thema. Unternehmen müssen Regularien wie DSGVO und CCPA einhalten und gleichzeitig wertvolle Kundeninformationen nutzen.

Diese Herausforderungen sind zwar erheblich, aber keineswegs unüberwindbar. Ihre Bewältigung erfordert nicht nur technologische Modernisierung, sondern auch einen Wandel in der Unternehmenskultur und -politik. Unternehmen, die diese Hürden als Chancen für Wachstum und Weiterentwicklung begreifen, sind besser aufgestellt, das volle Potenzial KI-gestützter Preisstrategien auszuschöpfen.

2. Eigenentwicklung vs. Outsourcing: Den richtigen Weg wählen

Die Entscheidung, ob eine KI-gestützte Preisgestaltungslösung intern entwickelt oder das Projekt ausgelagert werden soll, ist für jede Organisation von entscheidender Bedeutung. Diese Wahl ist vergleichbar mit der Überlegung, ob man eine Hausrenovierung selbst durchführt oder einen professionellen Handwerker beauftragt. Beide Optionen bieten jeweils spezifische Vorteile und Herausforderungen, und die richtige Entscheidung hängt oft von Faktoren wie den spezifischen Zielen des Unternehmens, den verfügbaren Ressourcen und dem Zeitrahmen ab.

Die Entwicklung einer KI-Preisgestaltungslösung im eigenen Haus bietet den Vorteil vollständiger Kontrolle und individueller Anpassung, sodass die Organisation das System exakt auf ihre Bedürfnisse zuschneiden kann. Dieser Weg erfordert jedoch erhebliche Investitionen in Zeit, Fachwissen und Infrastruktur, was für Unternehmen ohne eigenes Data-Science-Team eine Herausforderung darstellen kann (Davenport und Ronanki 2018). Im Gegensatz dazu kann das Outsourcing der KI-Entwicklung Zeit und Ressourcen sparen, indem externes Fachwissen genutzt wird. Allerdings kann es hierbei schwierig sein, die Lösung optimal an die individuellen Anforderungen des Unternehmens anzupassen, und es entstehen Bedenken hinsichtlich der Datensicherheit sowie eines möglichen Kontrollverlusts über die Technologie.

A. Argumente für die Eigenentwicklung

Die Entwicklung eines KI-Preisgestaltungssystems im eigenen Haus bietet den entscheidenden Vorteil vollständiger Kontrolle über Design und Funktionalität. Organisationen können das System exakt auf ihre Anforderungen zuschneiden, es nahtlos in die bestehende Infrastruktur integrieren und das geistige Eigentum behalten. Für Unternehmen mit spezialisierten Märkten oder komplexen betrieblichen Anforderungen kann dieses Maß an Individualisierung einen entscheidenden Wettbewerbsvorteil bieten.

Ein Beispiel hierfür ist ein globaler Einzelhändler, der sich für die interne Entwicklung seiner Preisgestaltungslösung entschied. Mit einem professionellen Team aus Data Scientists, Machine-Learning-Engineers und Branchenspezialisten entwickelte das Unternehmen eine Lösung, die perfekt auf die eigene E-Commerce-Plattform abgestimmt war. Obwohl die anfänglichen Investitionen in Fachkräfte und Technologie beträchtlich waren, übertraf das resultierende System generische Alternativen sowohl in der Leistung als auch im strategischen Wert und verschaffte dem Unternehmen einen Wettbewerbsvorteil (Brownlee 2019). Darüber hinaus konnte das während des Projekts aufgebaute Know-how später zur Optimierung weiterer Geschäftsbereiche wie Bestandsmanagement und Kundensegmentierung genutzt werden.

Trotz dieser Vorteile kann die Eigenentwicklung sehr anspruchsvoll sein. Sie erfordert hochspezialisiertes technisches Know-how, erhebliche finanzielle Investitionen und einen langen Entwicklungsprozess. Für kleinere Unternehmen oder solche, die neu im Bereich KI sind, können die Komplexität und die Kosten einer internen Entwicklung die Vorteile überwiegen, sodass dieser Ansatz für bestimmte Organisationen weniger geeignet ist (Davenport und Ronanki 2018).

B. Argumente für das Outsourcing

Outsourcing kann eine attraktive Option für Organisationen sein, die KI schnell implementieren möchten oder nicht über das notwendige interne Fachwissen zur Entwicklung eines anspruchsvollen Preisgestaltungssystems verfügen. Durch die Zusammenarbeit mit spezialisierten Anbietern erhalten Unternehmen Zugang zu fortschrittlichen Technologien, Branchenstandards und dem Know-how erfahrener Fachleute – und das, ohne das System von Grund auf selbst aufbauen zu müssen.

So entschied sich beispielsweise eine regionale Fluggesellschaft dafür, ihre dynamische Preisgestaltungslösung an einen SaaS-Anbieter auszulagern, der auf reisebezogene Technologien spezialisiert ist. Das System war bereits nach drei Monaten einsatzbereit und passte die Ticketpreise in Echtzeit an Buchungsmuster und Wettbewerberpreise an. Infolgedessen verzeichnete die Fluggesellschaft einen Umsatzanstieg von 12 % pro Passagiermeile. Allerdings musste das Unternehmen Herausforderungen wie laufende Abonnementgebühren und eine eingeschränkte Flexibilität bei der Anpassung des Systems an sich verändernde Geschäftsanforderungen in Kauf nehmen (Heaton 2017a).

Obwohl Outsourcing eine schnelle Implementierung und Effizienz bietet, birgt es auch Risiken wie eingeschränkte Kontrolle über die Systemanpassung und eine potenzielle Abhängigkeit vom Anbieter. Um diese Risiken zu minimieren, sollten Unternehmen Dienstleistungsverträge sorgfältig prüfen, sicherstellen, dass sie die Datenhoheit behalten, und mit Anbietern zusammenarbeiten, die skalierbare und flexible Lösungen bieten.

C. Zentrale Überlegungen für die Entscheidungsfindung

Bei der Entscheidung zwischen Eigenentwicklung und Outsourcing für Ihre KI-Preisgestaltungslösung sollten wir die folgenden Faktoren sorgfältig abwägen:

1. Umfang und Komplexität Ihrer Anforderungen:
Unternehmen mit spezialisierten Preisstrategien oder komplexen Integrationsanforderungen profitieren häufig von maßgeschneiderten Lösungen durch Eigenentwicklung. Sind die Anforderungen hingegen standardisierter, kann Outsourcing eine schnellere und kostengünstigere Lösung bieten (Davenport und Ronanki 2018).
2. Budget und Ressourcen:
Die interne Entwicklung einer KI-Lösung erfordert erhebliche Anfangsinvestitionen in Fachkräfte, Technologie und Infrastruktur. Outsourcing kann zwar die Anfangskosten senken, ist jedoch mit laufenden Gebühren verbunden und bietet möglicherweise weniger Flexibilität bei der Anpassung an sich ändernde Anforderungen (Loukides 2020a, b).
3. Zeitplan:
Outsourcing beschleunigt in der Regel die Implementierung und ist daher ideal für Unternehmen, die kurzfristig eine Lösung benötigen. Die Eigenentwicklung hingegen nimmt mehr Zeit in Anspruch, da das System entworfen, entwickelt und über einen längeren Zeitraum optimiert werden muss (Brynjolfsson und McAfee 2014).
4. Langfristige Ziele:
Für Unternehmen, die intern KI-Kompetenzen für breitere Anwendungen aufbauen möchten, ist die Eigenentwicklung im Einklang mit den langfristigen strategischen Zielen. Outsourcing hingegen kann den Wissenstransfer ins Unternehmen einschränken, was den Aufbau interner Fähigkeiten auf Dauer behindern könnte (Davenport und Ronanki 2018).

In der Praxis ist es nicht ungewöhnlich, einen hybriden Ansatz zu wählen, indem zunächst die Anfangsphase der Entwicklung ausgelagert und anschließend schrittweise auf ein internes Management umgestellt wird, sobald das interne Team an Erfahrung gewinnt. So arbeitete beispielsweise ein Telekommunikationsunternehmen mit einem externen Anbieter zusammen, um eine KI-gestützte Preisgestaltungslösung zu implementieren, nutzte die Zusammenarbeit jedoch gleichzeitig zur Schulung des eigenen Teams. Im Laufe der Zeit konnte das Unternehmen das System eigenständig betreuen, die Abhängigkeit vom Anbieter reduzieren und dennoch eine maßgeschneiderte Lösung beibehalten (Davenport und Ronanki 2018).

Für das Dilemma zwischen Eigenentwicklung und Outsourcing gibt es keine universelle Lösung. Die ideale Wahl hängt von den spezifischen Anforderungen, Ressourcen und langfristigen Zielen Ihrer Organisation ab. Entscheidend ist, eine Entscheidung zu treffen, die mit Ihrer Geschäftsstrategie im Einklang steht und Sie für den Erfolg in der sich wandelnden KI-gestützten Preislandschaft positioniert.

3. Best Practices für die Implementierung

Unabhängig davon, ob Sie sich für eine Eigenentwicklung oder das Outsourcing entscheiden, hängt die Effektivität der Implementierung von KI-gestütztem Pricing davon ab, einem strukturierten Ansatz zu folgen. Durch die Einhaltung bewährter Methoden können Unternehmen eine reibungslosere Einführung ermöglichen, operative Störungen minimieren und das Potenzial von KI für Preisstrategien maximal ausschöpfen. Nachfolgend sind zentrale Best Practices für eine erfolgreiche KI-Implementierung aufgeführt:

A. Beginnen Sie mit einem Pilotprojekt

Ein entscheidender erster Schritt bei der Einführung von KI im Pricing ist es, klein anzufangen und ein Pilotprojekt in einem bestimmten Markt, einer Produktlinie oder einem Vertriebskanal zu starten. Diese kontrollierte Umgebung ermöglicht es Unternehmen, das Modell zu verfeinern, potenzielle Herausforderungen zu identifizieren und den Return on Investment (ROI) zu bewerten, bevor eine Skalierung erfolgt.

So führte beispielsweise eine Fitness-App, die Premium-Mitgliedschaften anbietet, eine KI-gestützte Pricing-Lösung ein, die sich an Nutzer richtete, die sehr engagiert, aber zögerlich beim Upgrade waren. Durch den Einsatz prädiktiver Analysen zur Angebotserstellung personalisierter Rabatte konnte die App die Zahl der Premium-Abschlüsse im Pilotprojekt um 20 % steigern. Ermutigt durch diese Ergebnisse erweiterte das Unternehmen das KI-System um Upselling-Strategien und Maßnahmen zur Churn-Prävention für alle Mitgliedschaftsstufen.

Pilotprojekte sind hilfreich, um die Wirksamkeit des Systems zu bewerten und bieten die Möglichkeit, Probleme zu adressieren, bevor skaliert wird. Darüber hinaus stärken sie das Vertrauen in der Organisation, indem sie frühzeitig greifbare, positive Ergebnisse liefern (Davenport und Ronanki 2018).

B. Binden Sie bereichsübergreifende Teams ein

Pricing ist keine isolierte Funktion; es verbindet verschiedene Bereiche eines Unternehmens wie Vertrieb, Marketing und Finanzen. Eine effektive Implementierung erfordert die Zusammenarbeit dieser Abteilungen, um sicherzustellen, dass die KI-Lösung mit der Gesamtstrategie des Unternehmens im Einklang steht und die Bedürfnisse der verschiedenen Stakeholder erfüllt.

Ein Beispiel: Ein globales Einzelhandelsunternehmen entschied sich für die Einführung eines dynamischen Preissystems. Anstatt das Projekt ausschließlich dem Data-Science-Team zu überlassen, wurden wichtige Mitglieder aus Marketing und Vertrieb einbezogen. Das Marketingteam brachte Erkenntnisse zu saisonalen Nachfrageschwankungen ein, die das KI-Modell zunächst übersehen hatte, während das Vertriebsteam wertvolle Einblicke in das Kaufverhalten der Kunden lieferte. Diese Zusammenarbeit führte zu einem Preismodell, das stärker an den tatsächlichen Marktbedingungen ausgerichtet war und zu einer Umsatzsteigerung von 15 % führte (Davenport und Ronanki 2018).

Die Einbindung bereichsübergreifender Teams erleichtert die Integration von KI in die Arbeitsabläufe, adressiert bestehende Schwachstellen und erhöht die Wahrscheinlichkeit einer breiten Akzeptanz im Unternehmen (Chui et al. 2018).

C. Überwachen Sie die Performance kontinuierlich

KI-Modelle sind darauf ausgelegt, sich weiterzuentwickeln und im Laufe der Zeit besser zu werden. Ein häufiger Fehler ist die Annahme, dass ein implementiertes KI-System keiner weiteren Aufmerksamkeit bedarf. Tatsächlich ist eine kontinuierliche Überwachung entscheidend, damit das Modell weiterhin die Unternehmensziele erfüllt und auf Veränderungen der Marktdynamik reagieren kann.

Eine der besten Praktiken in diesem Prozess ist die Festlegung klarer Key Performance Indicators (KPIs) zur Bewertung der KI-Performance. Kennzahlen wie Margenverbesserungen, Steigerungen der Konversionsraten und das Gesamtumsatzwachstum liefern greifbare Nachweise für die Wirkung des Modells. So stellte beispielsweise ein Ride-Hailing-Unternehmen nach der Einführung dynamischer Preise zunächst höhere Fahrpreise in Nebenzeiten fest. Durch die genaue Überwachung von Elastizitätskennzahlen erkannte das Unternehmen die Notwendigkeit, die Preise in Zeiten geringer Nachfrage anzupassen, was zu ausgewogeneren Preisen sowie zu höherer Kundenzufriedenheit und -bindung führte (Heaton 2017b).

Regelmäßige Performance-Bewertungen sind zudem notwendig, um zu bestimmen, wann das Modell neu trainiert oder angepasst werden muss, um im sich wandelnden Markt wettbewerbsfähig zu bleiben.

D. Bereiten Sie sich auf Iteration vor

Realistischerweise wird die erste Version Ihres KI-Modells kaum perfekt sein. Lassen Sie sich davon nicht entmutigen oder frustrieren. Betrachten Sie die Implementierung als kontinuierlichen Lernprozess und nicht als einmaliges Projekt. Iteration ist das Fundament für langfristigen Erfolg und ermöglicht es dem Modell, sich mit den Anforderungen Ihres Unternehmens weiterzuentwickeln.

So führte ein Logistikunternehmen ein KI-gestütztes Preismodell für Fracht ein. Die anfängliche Performance war vielversprechend, doch das System hatte Schwierigkeiten, schnelle Schwankungen der Treibstoffpreise zu berücksichtigen. Durch die Integration dieser Daten in nachfolgende Iterationen und die Feinabstimmung der Hyperparameter konnte die Genauigkeit des Modells um 18 % gesteigert werden, was in volatilen Zeiten zu einer besseren Profitabilität führte (Rieke et al. 2020).

Iteration dient nicht nur der Fehlerbehebung, sondern eröffnet auch neue Möglichkeiten zur Verbesserung. Durch die regelmäßige Aktualisierung des Modells mit neuen Daten und Feedback stellen Sie sicher, dass es langfristig ein wertvolles Asset bleibt. Es wäre schade, die Wirksamkeit des KI-Modells zu verwerfen, ohne die zugrunde liegenden Parameter zu überprüfen, die sich möglicherweise verändert haben. Kontinuierliche Evaluation hilft, das Modell an sich wandelnde Bedingungen anzupassen und sicherzustellen, dass es mit den aktuellen Realitäten und Unternehmenszielen im Einklang bleibt.

E. Alles zusammenführen

Sobald eine KI-gestützte Pricing-Lösung ihren Wert bewiesen hat, besteht der nächste bedeutende Schritt darin, sie im gesamten Unternehmen zu skalieren. Skalierung bedeutet nicht nur, das System auf neue Märkte oder Produktkategorien anzuwenden, sondern auch, KI in die Entscheidungsprozesse des Unternehmens zu integrieren. Dies erfordert eine durchdachte Strategie, die Anpassung an spezifische Geschäftsanforderungen und einen starken Fokus auf die Schulung der Mitarbeitenden, damit sie KI-gestützte Erkenntnisse effektiv nutzen können (Chui et al. 2020). Erfolgreiche Skalierung bedeutet, dass das System vollständig in die täglichen Abläufe integriert wird und zu einem unverzichtbaren Werkzeug für Preisentscheidungen auf allen Ebenen des Unternehmens avanciert.

4. Skalierung im gesamten Unternehmen

Die Wirksamkeit Ihrer KI-gestützten Pricing-Lösung zu demonstrieren, ist lediglich der Anfang des Weges. Die eigentliche Herausforderung besteht darin, sie im gesamten Unternehmen zu skalieren. Skalierung bedeutet nicht nur, die Lösung auf neue Märkte oder Produktkategorien anzuwenden. Es geht darum, KI in die Entscheidungskultur der Organisation zu integrieren und zu einem festen Bestandteil der täglichen Abläufe zu machen (Brynjolfsson und McAfee 2017). Skalierung erfordert sorgfältige Planung, Anpassung an spezifische Geschäftsanforderungen und die Schulung der Teams, um das volle Potenzial KI-generierter Erkenntnisse auszuschöpfen.

A. Automatisierung nutzen

Ein wesentlicher Erfolgsfaktor für die Skalierung ist die Automatisierung. Durch den Einsatz von Cloud-Plattformen und fortschrittlichen KI-Technologien können Unternehmen Routineaufgaben wie die Aktualisierung von Preismodellen oder die Bereitstellung von Echtzeitempfehlungen automatisieren. Dies reduziert den manuellen Aufwand und stellt sicher, dass Preisentscheidungen konsistent und präzise bleiben.

Automatisierung steigert nicht nur die operative Effizienz, sondern gewährleistet auch, dass Preismodelle stets auf den aktuellsten Daten basieren, was die Qualität und Geschwindigkeit der Entscheidungsfindung im großen Maßstab verbessert (Chui et al. 2020).

B. KI an lokale Märkte anpassen

KI-Modelle sind äußerst leistungsfähig, aber nicht universell auf alle Märkte übertragbar. Jeder Markt bringt eigene Kundenpräferenzen, Wettbewerbsdynamiken und regulatorische Anforderungen mit sich, weshalb es unerlässlich ist, die Preismodelle entsprechend anzupassen.

Ein Beispiel: Ein globaler E-Commerce-Händler erweiterte seine KI-gestützte Pricing-Lösung. Während dynamische Rabatte für preisbewusste Konsumenten in Nordamerika gut funktionierten, stellte das Unternehmen fest, dass in Südostasien ein differenzierter Ansatz erforderlich war. Dort kamen kleinere, stärker personalisierte Aktionen besser an, da die Preissensibilität ausgeprägter war. Durch die Anpassung des KI-Preismodells an die jeweilige Region erzielte das Unternehmen höhere Umsätze, bewahrte das

Vertrauen der Kunden und erfüllte lokale Vorschriften (Kumar und Shah 2021).

Die Anpassung von KI-Systemen an lokale Marktbedingungen ist für den Erfolg des Systems unerlässlich. Sie erhöht die Wirksamkeit der Preisstrategien, verbessert die Akzeptanz und stellt sicher, dass Unternehmen auf regionale Marktdynamiken reagieren können (Lee 2019).

C. Teams schulen

Es dürfte inzwischen deutlich geworden sein, dass KI über eine reine Technologie hinausgeht und die Zusammenarbeit zwischen fortschrittlichen Systemen und menschlicher Expertise erfordert. Damit KI erfolgreich skaliert werden kann, ist es unerlässlich, Vertriebs-, Marketing- und Pricing-Teams mit dem Wissen auszustatten, KI-gestützte Erkenntnisse zu verstehen und umzusetzen. Ohne dieses Verständnis können selbst die ausgefeiltesten Modelle ihr Potenzial nicht entfalten.

So stieß ein Telekommunikationsunternehmen bei der Einführung einer KI-basierten Pricing-Lösung auf Widerstand in den Regionalteams, die mit KI-Tools nicht vertraut waren. Um dem entgegenzuwirken, entwickelte das Unternehmen ein umfassendes Schulungsprogramm, das darauf abzielte, das KI-System zu entmystifizieren. Die Schulung erklärte, wie die KI ihre Empfehlungen generiert, und hob die praktischen Vorteile anhand von Fallstudien hervor. Nach der Schulung zeigten interne Umfragen einen Anstieg des Teamvertrauens und der Nutzung von KI-Insights um 30 %, was zu einer effektiveren und reibungsloseren Skalierung führte (Brynjolfsson und McAfee 2017; Hagel 2020).

Investitionen in Bildung sind unerlässlich, damit KI nicht nur eingeführt, sondern im gesamten Unternehmen angenommen wird. Wenn Teams ihre Expertise erfolgreich mit KI-gestützten Erkenntnissen kombinieren, steigt die Gesamtwirksamkeit KI-basierter Strategien und fördert den langfristigen Erfolg.

D. Das große Ganze im Blick behalten

Die Skalierung von KI im gesamten Unternehmen geht über die reine Technologieeinführung hinaus; es geht darum, eine innovative Unternehmenskultur zu fördern. Die effektive Implementierung von KI-basierten Pricing-Lösungen basiert auf Automatisierung zur Optimierung der Abläufe, Anpassung zur Sicherstellung der Marktrelevanz und Bildung zur Förderung von

Vertrauen und breiter Akzeptanz (Brynjolfsson und McAfee 2017). Durch die Ausrichtung dieser Elemente steigern Unternehmen ihr Wachstumspotenzial und sichern sich einen Wettbewerbsvorteil am Markt.

Darüber hinaus erhöht dieser ganzheitliche Ansatz die Wahrscheinlichkeit, dass KI-gestützte Pricing-Lösungen nahtlos in Geschäftsprozesse integriert werden und langfristigen Mehrwert bieten. Wenn Automatisierung strategisch eingesetzt und Teams geschult und eingebunden werden, ist das Unternehmen in der Lage, die vollen Vorteile von KI zu realisieren und kontinuierliche Innovation zu fördern (Davenport und Westerman 2018).

5. Ein menschlicher Aspekt der Skalierung von KI

Während die technischen Aspekte der Skalierung von KI entscheidend sind, erweist sich das menschliche Element oft als die größte Herausforderung und letztlich als der bedeutendste, integrale Bestandteil des Prozesses. Es geht nicht nur darum, ein System zu implementieren; vielmehr muss dieses System so in die Unternehmenskultur und -abläufe integriert werden, dass Vertrauen, Engagement und Akzeptanz der Menschen, die mit KI arbeiten, gefördert werden.

BrightMart, eine mittelgroße Supermarktkette, stand genau vor dieser Herausforderung. Nach einem erfolgreichen KI-Pilotprojekt zur Preisgestaltung in einer ihrer städtischen Filialen verzeichnete das Unternehmen einen deutlichen Umsatzanstieg, da die dynamische Preisgestaltung dazu beitrug, Lebensmittelverschwendung um 15 % zu reduzieren und gleichzeitig den Absatz zu steigern. Ermutigt durch diesen Erfolg beschloss das Führungsteam, das KI-System in allen Filialen einzuführen. Die Filialleiter jedoch waren skeptisch, da sie es gewohnt waren, sich bei der Preisgestaltung auf ihre Intuition und Erfahrung zu verlassen. Sie bezweifelten, dass die KI die Feinheiten des Kundenverhaltens erfassen könne. Ein Filialleiter äußerte sogar: „Wie soll ein Algorithmus verstehen, dass Frau Carter ihre Pfirsiche immer dienstags kauft und bereit ist, den vollen Preis zu zahlen, wenn sie frisch aussehen?"

Das Führungsteam erkannte schnell, dass der erfolgreiche Rollout der KI-Lösung davon abhing, menschliche Bedenken ernst zu nehmen und Vertrauen zu schaffen. Sie setzten auf Transparenz, führten die Filialleiter in Regionalmeetings durch das KI-System und erklärten, wie das Tool funktionierte – von den analysierten Daten bis hin zu den empfohlenen Preisentscheidungen. Sie wiesen auch auf die Grenzen des Systems hin und erklärten, wie es lokale Besonderheiten, wie etwa einen plötzlichen Bauernmarkt, der den Absatz beeinflussen könnte, möglicherweise nicht erfassen kann.

Der Stimmungswandel war spürbar. Die anfangs zögerlichen Filialleiter wurden offener für die Idee und stellten Fragen wie: „Wenn ich einen Fehler sehe, kann ich ihn übersteuern?" Als sie die Zusicherung erhielten, dass dies möglich sei, entspannte sich die Atmosphäre. Das Führungsteam konzentrierte die nächste Phase des Rollouts auf Regionen, in denen die Filialleiter dem System gegenüber aufgeschlossener waren, und feierte jeden einzelnen Erfolg. So konnte beispielsweise eine Filiale dank KI-gestützter Preisnachlassvorschläge die Lebensmittelverschwendung um 15 % senken – eine Erfolgsgeschichte, die schnell im gesamten Unternehmen die Runde machte. Eine andere Filiale experimentierte mit Preisnachlässen für Backwaren in umsatzschwachen Stunden, was zu höheren Verkaufszahlen und größerer Kundenzufriedenheit führte.

Der Durchbruch gelang, als die BrightMart-Führung betonte, dass KI nicht dazu gedacht sei, menschliches Urteilsvermögen zu ersetzen, sondern es zu stärken. Indem die Filialleiter die Empfehlungen der KI anpassen konnten, wurde das System zu einem vertrauenswürdigen Berater und nicht zu einem starren Regelwerk. Ein Filialleiter reflektierte: „Ich dachte, KI würde mir die Kontrolle nehmen, aber es ist eher wie eine zweite Meinung, eine sehr schnelle. Die Entscheidung liegt immer noch bei mir, und das macht den Unterschied."

Die Skalierung von KI ist letztlich nicht nur eine Frage der Technologie, sondern vor allem eine Frage der Menschen. Vertrauen und Akzeptanz im Team entstehen durch Transparenz, Zusammenarbeit und die Anerkennung der bereits vor der Einführung von KI im Unternehmen vorhandenen Expertise (Brynjolfsson und McAfee 2017).

Eine effektive Skalierung von KI erfordert das Erzählen einer Geschichte, in der Erfolge – so klein sie auch sein mögen – gefeiert werden und das KI-System als Partner und nicht als Ersatz präsentiert wird. Wer den menschlichen Faktor in den Mittelpunkt stellt, schafft die Grundlage für größeren Erfolg und eine breitere Akzeptanz von KI-Tools im Unternehmen. Indem Mitarbeitende mit den richtigen Werkzeugen ausgestattet und in den Prozess eingebunden werden, wird KI zum Katalysator für Wachstum und zum Treiber für mehr Selbstvertrauen im gesamten Unternehmen.

6. Der Weg zu einer transformativen KI-gestützten Preisgestaltung

Der Weg von der Implementierung KI-gestützter Preissysteme bis zu deren Skalierung im gesamten Unternehmen ist sowohl herausfordernd als auch äußerst lohnend. Er bedeutet eine Transformation, die alle Bereiche des Unternehmens berührt und beeinflusst, wie Teams zusammenarbeiten, denken und strategische Entscheidungen treffen. Erfolg in diesem Bereich erfordert eine Kombination aus Vision, Ausdauer und Anpassungsfähigkeit – unabhängig davon, ob eine Lösung intern entwickelt oder mit externen Experten zusammengearbeitet wird (Chui et al. 2021).

KI ist ein Werkzeug, kein Wundermittel. Unternehmen, die KI-gestützte Preisgestaltung erfolgreich einführen, sind diejenigen, die ihre Ziele klar definieren – sei es die Steigerung der Kundenzufriedenheit, die Verbesserung der Margen oder die Erlangung eines Wettbewerbsvorteils (Brynjolfsson und McAfee 2014). Ohne diese Vision können selbst die fortschrittlichsten KI-Systeme zu kostspieligen Experimenten mit unklarem Ausgang werden.

Doch ein klares Ziel ist nur der Anfang. Die eigentliche Transformation findet oft in der Zusammenarbeit statt. Preisgestaltung ist keine isolierte Funktion, sondern steht im Schnittpunkt von Vertrieb, Marketing, Betrieb und Kundenservice, um nur einige zu nennen. Für eine erfolgreiche Implementierung müssen Silos aufgebrochen und ein kollaboratives Umfeld geschaffen werden. Die Erfahrung zeigt, dass bereichsübergreifende Workshops, in denen sich die Beteiligten auf gemeinsame Prioritäten und Herausforderungen verständigen, für eine reibungslose Einführung und effektive Integration unerlässlich sind (Davenport und Ronanki 2018).

Natürlich ist der Weg zum Erfolg von Herausforderungen gesäumt. Widerstand gegen Veränderungen ist normal, insbesondere wenn KI etablierte Prozesse und menschliche Intelligenz infrage stellt. Ich erinnere mich an eine Situation, in der Filialleiter im Einzelhandel zunächst Widerstand gegen dynamische Preismodelle leisteten. Erst als die Führung KI als Unterstützung und nicht als Ersatz positionierte, begann sich Vertrauen zu entwickeln. Das Team bezog die Filialleiter frühzeitig in den Prozess ein und zeigte, wie ihr Input die Preisempfehlungen der KI beeinflusste. Dieser Ansatz, der die menschliche Beteiligung in den Vordergrund stellte, verwandelte Skeptiker in Befürworter und erleichterte eine reibungslosere Einführung (Binns 2018).

Hinzu kommt die Herausforderung der Skalierung, die oft unterschätzt wird. Die Skalierung einer KI-Lösung bedeutet nicht nur die technische Einführung, sondern vor allem die Integration von KI in die Entscheidungskultur des Unternehmens. Dazu gehört die Automatisierung von Arbeitsabläufen, wo es sinnvoll ist, aber auch das Zulassen von menschlichem Urteilsvermögen. Ebenso ist eine kontinuierliche Investition in Weiterbildung erforderlich, damit Teams lernen, KI-gestützte Erkenntnisse effektiv und mit Vertrauen zu nutzen (Chui et al. 2021).

Iteration ist der Schlüssel zum langfristigen Erfolg. Keine KI-Implementierung ist von Anfang an perfekt. Erfolgreiche Unternehmen betrachten KI als eine sich ständig weiterentwickelnde Fähigkeit. Sie etablieren Feedbackschleifen und überprüfen und verfeinern ihre Modelle regelmäßig, um sie an die sich ändernden Geschäftsanforderungen anzupassen. Dieser iterative Ansatz unterscheidet erfolgreiche Frühanwender von jenen, die nach der ersten Einführung ins Straucheln geraten (Davenport und Ronanki 2018).

Die wahre Transformation zeigt sich nicht nur in greifbaren Ergebnissen wie höheren Gewinnmargen oder besseren Kundenerlebnissen, sondern vor allem im Mentalitätswandel, den KI im gesamten Unternehmen anstößt. KI ermutigt Teams, größer zu denken, schneller zu handeln und präziser zu arbeiten. Preisgestaltung, einst als reaktive Aufgabe betrachtet, entwickelt sich zu einem strategischen Hebel für Wachstum und Innovation (Brynjolfsson und McAfee 2014).

Das Potenzial von KI in der Preisgestaltung ist enorm. Mit KI ausgestattet, werden Unternehmen in der Lage sein, Marktkräfte vorherzusagen und proaktiv zu steuern. Sie können Kundenbedürfnisse antizipieren, mutige Strategien ausprobieren und schnellere, intelligentere Entscheidungen treffen. Der Aufwand lohnt sich. Auch wenn der Weg zur KI-gestützten Preisgestaltung nicht immer einfach ist, zeigen die Erfolgsgeschichten von Unternehmen, die diesen Weg bereits beschritten haben, den enormen Mehrwert auf.

Ob Sie sich bereits auf dem Weg zur KI-gestützten Preisgestaltung befinden oder diesen gerade erst beginnen: Denken Sie daran, dass Erfolg nicht allein aus perfekter Umsetzung resultiert. Er entspringt Widerstandsfähigkeit, Zusammenarbeit und dem Bekenntnis zu kontinuierlichem Lernen. Wer Flexibilität und Anpassungsbereitschaft lebt, erschließt nicht nur die Kraft der KI, sondern auch das volle Potenzial der eigenen Teams und des gesamten Unternehmens (Davenport und Ronanki 2018).

Literatur

Bae S, Kim J, Lee H (2023) Advances in AI-enabled pricing: tools and platforms for managing big data. J Digit Innov 45(2):56–72

Bertsimas D, Kallus N (2020) From predictive to prescriptive analytics. Manag Sci 66(3):1–23. https://doi.org/10.1287/mnsc.2019.3531

Binns A (2018) Responsible AI: a framework for building trust in your AI solutions. Deloitte Insights. https://www2.deloitte.com/content/dam/insights/us/articles/4514_AI-ethics/4514_AIEthics.pdf

Binns T (2021) How generative AI is transforming pricing strategies. AI Business Review. https://www.aibusinessreview.com

Brownlee J (2019) Machine learning mastery. Machine Learning Mastery

Brynjolfsson E, McAfee A (2014) The second machine age: work, progress, and prosperity in a time of brilliant technologies. W.W. Norton & Company

Brynjolfsson E, McAfee A (2017) The second machine age: Work, progress, and prosperity in a time of brilliant technologies. W.W. Norton & Company

Built In (2023) Generative AI in SaaS pricing: a case study of GPT-based simulations. Built In. https://builtin.com

Chen L, Zhao Y (2019) Machine learning for dynamic pricing: forecasting and optimal pricing strategies. J Bus Anal 8(2):123–139. https://doi.org/10.1016/j.jba.2019.02.001

Chen J, Zhang X, Li Y (2020) The role of data quality in AI-powered pricing systems. J Bus Anal 15(4):200–214. https://doi.org/10.1016/j.jba.2020.07.002

Chen Y, Zhang C, Goh M (2021) Data integration in AI systems: Insights from cloud-based platforms. J Bus Intell 34(2):45–59

Choi E, Schuetz A, Safavi M (2021) Data privacy and the future of AI-enabled business intelligence: a study of synthetic data generation. J Bus Anal 9(3):165–179. https://doi.org/10.1016/j.jba.2021.02.005

Choudhury M, Bharadwaj A, Bhatnagar S (2022) Consumer behavior in digital ecosystems: implications for pricing and demand forecasting. J Market Sci 40(1):78–92

Chui M, Manyika J, Miremadi M (2018) Harnessing automation for a future that works. McKinsey Global Institute

Chui M, Manyika J, Miremadi M (2020) The next normal in AI adoption: the road to a responsible and efficient future. McKinsey & Company

Chui M, Manyika J, Miremadi M (2021) The state of AI in 2021. McKinsey & Company. https://www.mckinsey.com/featured-insights/artificial-intelligence/the-state-of-ai-in-2021

Datamatics. (2024). A global beverage giant registers significant volume gains across categories by leveraging AI/ML models for managing price elasticities. Datamatics Case Studies. https://www.datamatics.com/resources/case-studies/a-global-beverage-giant-registers-significant-volume-gains-across-categories-by-leveraging-ai/ml-models-for-managing-price-elasticities

Davenport TH, Bean R (2020) AI in pricing: How artificial intelligence is transforming business strategies. Harvard Business Review Press

Davenport TH, Ronanki R (2018) Artificial intelligence for the real world. Harv Bus Rev 96(1):108–116. https://hbr.org/2018/01/artificial-intelligence-for-the-real-world

Davenport TH, Westerman G (2018) How artificial intelligence will impact the future of marketing. MIT Sloan Manag Rev 59(4):22–29

Devabit (2023) 11 new technologies in AI: Trends of 2023–2024. Devabit. Retrieved from https://www.devabit.com

Emerald Insight (2023a) AI-enabled pricing: Lessons from early adopters in retail. Retrieved from https://www.emeraldinsight.com

Emerald Insight (2023b) Artificial intelligence and pricing. Retrieved from https://www.emerald.com

EY (2023a) The art of pricing in the age of AI. Retrieved from https://www.ey.com

EY (2023b) Enhancing profitability through data-driven pricing strategies

Géron A (2019) Hands-on machine learning with Scikit-Learn, Keras, and TensorFlow. O'Reilly Media

Gilpin LH, Bau D, Yuan BZ, Melamed T (2018) Explaining explanations: an overview of interpretability of machine learning. Proceedings of the 2018 CHI conference on human factors in computing systems, 1–11. https://doi.org/10.1145/3173574.3173578

Hagel J (2020) The collaboration imperative: unlocking AI's potential in business-strategy. Harv Bus Rev 98(2):34–45

Heaton J (2017a) Deep learning and AI in business applications. Addison-Wesley

Heaton J (2017b) Introduction to machine learning with Python. O'Reilly Media

Human-Centered AI Institute at Stanford University (2023) 2023 AI index report. Stanford HAI. https://hai.stanford.edu/ai-index/2023-ai-index-report

IBM (2023) AI-powered pricing optimization: How machine learning drives pricing decisions. IBM Watson. https://www.ibm.com/watson

Jain R, Sharma P (2021) Managing big data for business growth: strategies for leveraging AI in pricing. Int J Bus Intell 12(4):105–118

Johnson M, Evans A, Lee P (2020) Enhancing e-commerce with dynamic pricing strategies: an AI-based approach. J Retail Analyt 16(1):54–67. https://doi.org/10.1016/j.jra.2019.11.007

Joulin A, Grave E, Mikolov T, Van den Oord A (2017) Bag of tricks for efficient text classification. arXiv:1607.01759. https://arxiv.org/abs/1607.01759

KDnuggets (2023a) What to expect for AI quality trends in 2023. Retrieved from https://www.kdnuggets.com

KDnuggets (2023b) AI in logistics and pricing optimization. Retrieved from https://www.kdnuggets.com

Kumar A, Shah D (2021) Global pricing strategies: the challenges of customization in diverse markets. J Int Bus Strat 15(3):56–72

Lee S (2019) Adapting AI pricing models to regional market nuances: Best practices for global scaling. Int J Pricing Strat 10(4):22–35

Lee J, Choi Y, Kim J (2021) The role of natural language processing in enhancing dynamic pricing strategies. Int J Bus AI 12(2):111–128. https://doi.org/10.1177/2147483647

Linardatos P, Papastefanopoulos V, Kotsiantis S (2020) Explainable AI: a review of machine learning interpretability methods. Entropy (Basel, Switzerland) 23(1):18

Little RJA, Rubin DB (2020) Statistical analysis with missing data, 3rd edn. Wiley

Liu Y, Chen S (2020) Personalized promotions powered by generative AI. Journal of Marketing Innovation 58(2):109–123

Liu Y, Wang C, Xie Y (2018) Exploring trends in consumer sentiment through social media for pricing strategies. J Mark Res 55(6):811–825. https://doi.org/10.1509/jmr.17.0360

Loukides M (2020a) Data Science for Business: a Guide for Data-Driven Decision Making. O'Reilly Media

Loukides M (2020b) The data-driven future: preparing for AI's challenges and opportunities. O'Reilly Media

Marr B (2018) How Walmart is using machine learning, AI, and big data to boost performance. Forbes. Retrieved from https://www.forbes.com

Martinez E, Liao F (2021) AI-enabled pricing models: transforming the landscape. Int J Pricing Res 32(4):294–312

McKinsey & Company (2023, March 5) How personalized pricing drives loyalty and growth. McKinsey & Company. https://www.m

Microsoft Azure (2023) AI-powered pricing: maximizing revenue in competitive industries. Retrieved from https://www.microsoft.com

Rieke N, Hancox J, Li W, Milletari F, Roth HR, Albarqouni S, Cardoso MJ (2020) The future of federated learning in healthcare AI. Nat Mach Intell 2(6):337–340

Yang JY (2024) Maneuver shades of pricing. In: The pricing compass. Business guides on the go. Springer, Cham. https://doi.org/10.1007/978-3-031-52060-0_5

Zhang Q, Xiong Y (2024) Harnessing AI potential in E-Commerce: improving user engagement and sales through deep learning-based product recommendations. Curr Psychol 43:30379–30401. https://doi.org/10.1007/s12144-024-06649-3

3

Fallstudien: KI im Einsatz

Einleitung

Die tiefgreifende Wirkung von KI auf die Preisgestaltung zeigt sich durch reale Anwendungen in einer Vielzahl von Branchen. Vom Einzelhandel über die Hotellerie, den Reisebereich bis hin zum E-Commerce setzen Unternehmen fortschrittliche KI-Technologien, einschließlich Generativer KI, ein, um Preisstrategien zu verfeinern, die Kundenzufriedenheit zu steigern und die Profitabilität zu erhöhen. Diese Innovationen, die einst auf experimentelle Umgebungen beschränkt waren, gestalten nun die Wettbewerbslandschaften neu und erschließen neue Einnahmequellen (Bertsimas und Kallus 2020; Shankar und Bolton 2021a, b).

Dieses Kapitel untersucht eine Reihe überzeugender Fallstudien, die veranschaulichen, wie KI eingesetzt wird, um spezifische Herausforderungen der Preisgestaltung zu lösen. So ermöglichen beispielsweise dynamische Preisalgorithmen Einzelhändlern, ihre Preise in Echtzeit während Blitzverkäufen anzupassen, wodurch die Wettbewerbsfähigkeit erhalten bleibt und gleichzeitig die Margen geschützt werden (Gans et al. 2018). Ebenso hilft KI im Gastgewerbe, Zimmerpreise zu optimieren, indem sie sich dynamisch anpasst, um sowohl während der Hoch- als auch der Nebensaison ein Gleichgewicht zwischen Auslastung und Umsatz zu schaffen (Shankar und Bolton 2021a, b). Darüber hinaus hebt Generative KI Preisstrategien auf ein neues

Niveau, indem sie Szenarien simuliert, Promotionen personalisiert und Ergebnisse mit außergewöhnlicher Genauigkeit vorhersagt (The Alan Turing Institute 2023).

Ein gemeinsames Thema zieht sich durch diese Fallstudien: KI ist ein strategischer Enabler. Ihre Wirksamkeit hängt jedoch von mehr ab als nur der Implementierung der Technologie. Erfolgreiche Umsetzung erfordert bereichsübergreifende Zusammenarbeit, sorgfältige Anpassung und das Bekenntnis zu kontinuierlicher Iteration. Die KI-Strategie eines Unternehmens muss sowohl mit den Unternehmenszielen als auch mit den Kundenerwartungen in Einklang stehen, um wirklich erfolgreich zu sein (Bertsimas und Kallus 2020).

Am Ende dieses Kapitels werden die Leser ein besseres Verständnis für die realen Auswirkungen von KI auf Preisstrategien haben sowie einen Fahrplan, wie sich diese Ansätze im eigenen Unternehmen integrieren lassen. [1]

Fallstudie 1: Dynamische Preisgestaltung im Skigebiet

Hintergrund

Eingebettet im malerischen Herzen Colorados stand ein mittelgroßes Skigebiet vor einer Herausforderung, die vielen in der Branche bekannt ist: eine stark unausgeglichene Nachfrage zwischen Hoch- und Nebensaison. Während der Winterferien herrschte reges Treiben auf den Pisten, doch sobald der Januar in den Februar überging, brachen die Besucherzahlen ein. Herkömmliche Rabattaktionen, wie pauschale 20%-Nachlässe in schwächeren Zeiten, erzielten nur begrenzten, wenn überhaupt, Erfolg. Zwar reagierten einige Einheimische auf die Angebote, doch das reichte bei Weitem nicht aus, um das Umsatzdefizit in der Nebensaison auszugleichen. Das Management des Resorts erkannte die Notwendigkeit eines strategischeren, dynamischen Preisansatzes, tat sich jedoch schwer, einen Weg zu finden, die schwankende Nachfrage effektiv vorherzusagen und darauf zu reagieren.

---

[1] **Haftungsausschluss:** Die in diesem Kapitel vorgestellten Fallstudien zeigen reale Anwendungen von KI in der Preisgestaltung in verschiedenen Branchen. Während die dargestellten Ergebnisse und Zahlen von tatsächlichen Trends und Best Practices inspiriert sind, stellen sie keine proprietären Daten spezifischer Unternehmen dar. Diese Beispiele sollen die potenziellen Vorteile und gängigen Einsatzmöglichkeiten KI-gestützter Preisgestaltungslösungen in unterschiedlichen Geschäftskontexten aufzeigen und sind nicht mit bestimmten Organisationen in Verbindung zu bringen.

KI-Lösung

Der Wendepunkt kam, als das Resort eine Partnerschaft mit einer führenden KI-Beratung für Preisoptimierung einging. Gemeinsam implementierten sie einen Reinforcement-Learning-(RL)-Algorithmus, eine Technologie, die sich besonders für dynamische und unsichere Umgebungen eignet. Dieses KI-gestützte System revolutionierte die Preisstrategie des Resorts, indem es drei entscheidende Eingaben analysierte:

Echtzeit-Wetterdaten:
Der Algorithmus nutzte Live-Wetterprognosen, um optimale Preise auf Basis der bevorstehenden Wetterbedingungen vorherzusagen. Schneestürme führten zu Premiumpreisen, während sonnige Tage in der Nebensaison zu dezenten Rabatten animierten, um Besucher anzulocken.

Historische Besuchstrends:
Jahrelange Gästedaten wurden ausgewertet, um Muster wie Nachfragespitzen an Feiertagen oder Rückgänge unter der Woche zu erkennen. Der Algorithmus nutzte diese Informationen, um die Nachfrage mit bemerkenswerter Genauigkeit zu prognostizieren.

Wettbewerberpreise:
Die KI überwachte kontinuierlich die Preise benachbarter Skigebiete, um sicherzustellen, dass das Angebot des Resorts in einem wettbewerbsfähigen Preiskorridor blieb, ohne auf Umsatz zu verzichten.

Anfangs war das Managementteam des Resorts skeptisch. „Allein die Vorstellung, Preisentscheidungen einem Algorithmus zu überlassen, klang verrückt", gab ein Manager zu. Doch das Team erkannte schnell das Potenzial des RL-Systems. Der Algorithmus passte die Preise nicht nur anhand aktueller Faktoren an, sondern lernte auch im Zeitverlauf aus dem Kundenverhalten und verfeinerte seine Empfehlungen, sobald sich Muster abzeichneten (Talluri und van Ryzin 2004).

Ergebnis

Die Einführung der KI-gestützten dynamischen Preisgestaltung führte zu beeindruckenden Ergebnissen. Bereits in der ersten Skisaison verzeichnete das Resort einen Anstieg der Ticketeinnahmen um 22 %, während die Besucherzahlen in der Nebensaison um beachtliche 30 % stiegen. Die Fähigkeit des KI-Systems, Preise dynamisch anzupassen, füllte die Pisten selbst in traditionell ruhigen Zeiten und stabilisierte die Einnahmen über das gesamte Jahr hinweg.

Am meisten überraschte das Team der positive Einfluss auf die Kundenzufriedenheit. Die Gäste schätzten die Transparenz und Fairness des Preismodells. Frühbucher profitierten von vergünstigten Tarifen, während Spontanbucher einen angemessenen Aufpreis zahlten – ein Gleichgewicht, das bei unterschiedlichen Kundengruppen Anklang fand. Ein langjähriger Besucher bemerkte: „Es fühlt sich endlich so an, als würden diejenigen belohnt, die vorausplanen, ohne Spontaneität zu bestrafen."

Das Resort ging noch einen Schritt weiter und entwickelte KI-gestützte, personalisierte Angebote für Stammgäste. Wiederkehrende Kunden erhielten maßgeschneiderte Treuerabatte und Paketangebote, etwa Skipässe in Kombination mit Ausrüstungsverleih oder Restaurantguthaben. Dieser Ansatz stärkte nicht nur die Kundenbindung, sondern führte auch zu einem Anstieg der Wiederholungsbesuche um 18 %. Laut Marketingleitung des Resorts: „Es war, als hätten wir endlich die perfekte Möglichkeit gefunden, unseren Stammgästen zu danken und gleichzeitig neue Gesichter auf die Pisten zu locken" (Skift Insights 2023).

Durch die Einführung der KI-gestützten dynamischen Preisgestaltung hat dieses Skigebiet in Colorado nicht nur sein Erlösmodell neu aufgestellt, sondern auch die Beziehung zu seinen Gästen neu belebt. Die Implementierung von Reinforcement Learning lieferte den Beweis für die Fähigkeit der KI, Profitabilität und Kundenzufriedenheit in Einklang zu bringen und eine nachhaltige, skalierbare Preisstrategie zu schaffen, die sowohl bei Stakeholdern als auch bei Besuchern Anklang findet.

Fallstudie 2: Preisgestaltung für Kfz-Ersatzteile

Hintergrund

Für einen globalen Automobilzulieferer mit einem Portfolio von zehntausenden Ersatzteilen war die Preisgestaltung eine echte Herausforderung. Jedes Teil wies eigene Nachfragedynamiken, Kostenstrukturen, Wettbewerbsdruck und unterschiedliche Preiselastizitäten auf. Das Unternehmen steckte in einem Teufelskreis der Ineffizienz: Unterpreisige Teile bedeuteten entgangene Umsätze, während überhöhte Preise zu verlorenen Ausschreibungen und beschädigten Beziehungen zu Schlüsselkunden führten.

„Wir sind im Blindflug unterwegs", gab der leitende Preismanager zu. Das Team arbeitete mit statischen Preisformeln und Bauchgefühl – beides reichte nicht aus, um die Komplexität des Marktes zu bewältigen. Die Vertriebsteams wurden bei Verhandlungen oft überrumpelt und hatten Mühe, Preisentscheidungen gegenüber Kunden zu rechtfertigen. Es war klar, dass der traditionelle Ansatz nicht nachhaltig war und ein Upgrade benötigte.

KI-Lösung

Das Unternehmen setzte KI ein, um dieses Labyrinth zu durchdringen, und implementierte ein auf Gradient-Boosted Decision Trees basierendes Modell, das speziell auf die Herausforderungen der Preisgestaltung zugeschnitten war. Dieser Machine-Learning-Ansatz ermöglichte es, riesige Datensätze zu analysieren und komplexe Muster zu erkennen, die sonst verborgen geblieben wären. Die Lösung erfüllte drei Aufgaben:

Segmentierung der Teile nach Preissensitivität:
Die KI segmentierte Ersatzteile anhand ihrer Preiselastizität. Hochwertige, spezialisierte Komponenten mit wenigen Alternativen erhielten eine andere Preisstrategie als generische Teile, die starkem Wettbewerb ausgesetzt waren. Diese Segmentierung ermöglichte es dem Unternehmen, differenzierte Preisstrategien zu entwickeln, die auf die Besonderheiten jeder Kategorie zugeschnitten waren.

Automatisierte Angebotsempfehlungen:
Durch die Analyse historischer Daten, einschließlich früherer Ausschreibungsergebnisse, Wettbewerberpreise und Kundenpräferenzen, konnte die KI optimale Angebotspreise mit den gewünschten Gewinnwahrscheinlichkeiten empfehlen. Diese Empfehlungen wurden auf spezifische Kunden zugeschnitten und berücksichtigten deren individuelle Anforderungen und Marktbedingungen.

Integration von Generativer KI für Verhandlungsszenarien:
Zur Ergänzung des Preisgestaltungsmodells führte der Zulieferer Generative-KI-Tools ein, um Verhandlungsszenarien zu simulieren. Vertriebsteams konnten den Umgang mit Einwänden wie „Warum sollten wir diesen Preis zahlen?" oder „Ihr Wettbewerber bietet ein besseres Angebot – was ist Ihr Gegenvorschlag?" üben. Diese Simulationen bereiteten die Vertriebsmitarbeitenden darauf vor, selbstbewusst in anspruchsvolle Gespräche zu gehen und ihre Argumentation mit Daten zu untermauern.

Der Preismanager resümierte: „Es fühlte sich an, als hätten wir endlich eine Preis-Kristallkugel. Die Empfehlungen waren logisch, transparent und umsetzbar. Diese Transparenz machte den entscheidenden Unterschied."

Ergebnis

Bereits im ersten Jahr stieg die Bruttomarge des Zulieferers um 8 % – ein bemerkenswerter Erfolg in einer Branche, in der die Gewinnspannen notorisch gering sind. Noch beeindruckender war die Steigerung der Gewinnquoten um 12 %, insbesondere bei hochpreisempfindlichen Produktkategorien, bei denen die optimierte Preisgestaltung den größten Effekt hatte.

Die Auswirkungen gingen über finanzielle Kennzahlen hinaus. Vertriebsteams, die zuvor zögerlich und reaktiv agierten, traten nun eloquent und selbstbewusst in Verhandlungen auf. „Anstatt nach Antworten zu suchen, konnten wir unsere Preisentscheidungen klar kommunizieren und mit Daten belegen", bemerkte ein Vertriebsmitarbeiter. Dieses neue Selbstbewusstsein kam bei den Kunden gut an und förderte stärkere Beziehungen und Vertrauen.

Der Zulieferer begann zudem, mit Bündelungsstrategien für komplementäre Ersatzteile zu experimentieren, basierend auf Erkenntnissen des KI-Modells. So zeigte das System beispielsweise, dass das Bündeln von schnell drehenden Artikeln wie Bremsbelägen mit langsameren Komponenten wie Bremssätteln das Gesamtverkaufsvolumen um 15 % steigerte.

Wie ein leitender Angestellter zusammenfasste: „KI hat nicht nur unsere Preisgestaltung verbessert, sondern auch grundlegend verändert, wie wir unser Geschäft betreiben." Die erfolgreiche Integration fortschrittlicher Machine-Learning-Methoden und Generativer KI hat nicht nur die Preisgestaltung optimiert, sondern auch die operative Strategie auf ein neues Niveau gehoben und das Unternehmen wettbewerbsfähiger und kundenorientierter gemacht.

Fallstudie 3: Optimierung von Einzelhandelsaktionen

Hintergrund

Werbekampagnen sind ein zentrales Instrument für den Erfolg im Einzelhandel. Doch für einen globalen Einzelhändler entwickelten sich diese Kampagnen zunehmend zu einem Kostenfaktor statt zu einem Wachstumstreiber. Der ROI sank stetig, die Gewinnmargen schrumpften, und die Kunden reagierten immer gleichgültiger auf generische Angebote wie „15 % auf alles".

„Wir haben Rabatte wahllos verteilt und gehofft, dass etwas funktioniert", gab der Marketingleiter zu. „Uns war nicht klar, dass nicht jeder Rabatt bei allen Kunden gleich gut ankommt. Schlimmer noch: Wir haben an Stellen zu viel rabattiert, an denen es gar nicht nötig gewesen wäre."

Dieser grobe Ansatz verfehlte nicht nur die Kunden, sondern schadete auch massiv dem Unternehmensergebnis. Es war offensichtlich, dass der Einzelhändler seine Promotionsstrategie überdenken musste – weg von pauschalen Rabatten, hin zu gezielteren, präziseren und profitableren Maßnahmen.

KI-Lösung

Das Unternehmen nutzte maschinelles Lernen, um seine Promotionsstrategien zu verfeinern. Durch die Implementierung eines KI-gestützten Modells konnte es jahrelange Kampagnendaten analysieren und herausfinden, was für wen am besten funktionierte.

Leistungsanalyse:

Das KI-System untersuchte vergangene Aktionen, identifizierte Muster im Kundenverhalten und isolierte Faktoren, die zu Konversionen führten. So zeigte sich beispielsweise, dass ein 15%-Rabatt bei treuen Kunden hervorragend wirkte, während Erstkäufer eher auf Angebote wie kostenlosen Versand ansprachen. Außerdem wurde deutlich, wo hohe Rabatte zu unnötigen Margenverlusten führten – etwa bei ohnehin beliebten oder extrem spezialisierten Produkten.

Segmentierte Strategien:

Auf Basis der Analyse segmentierte das KI-Modell die Kunden in verschiedene Gruppen wie „wertvolle Stammkunden", „Schnäppchenjäger" und „Gelegenheitskäufer". Für jede Gruppe empfahl das System maßgeschneiderte Promotionsstrategien. Hochwertige Kunden erhielten exklusive Rabatte auf Premiumprodukte, während Gelegenheitskäufer mit zeitlich limitierten Angeboten zu einem Kauf animiert wurden.

Mit Generativer KI konnte der Einzelhändler auch die Marketingbotschaften personalisieren. Statt generischer E-Mails erhielten die Kunden nun Angebote, die gezielt auf ihre Vorlieben zugeschnitten waren. Ein Beispiel: Eine E-Mail an eine häufige Sneaker-Käuferin könnte lauten: „Hallo Monica! Deine Lieblingssneaker sind jetzt 20 % günstiger – exklusiv für dich. Nur solange der Vorrat reicht! Schnell sein lohnt sich!"

Ergebnis

Gezielte Aktionen ersetzten pauschale Rabatte und führten zu einer Steigerung des Promotions-ROI um 25 %. Der Einzelhändler konnte Über-Rabattierungen reduzieren, die Margen sichern und sicherstellen, dass Angebote die Kunden mit der höchsten Kaufwahrscheinlichkeit erreichten.

Im Marketing sorgte Generative KI für ein völlig neues Maß an Personalisierung in der Kundenkommunikation. Die Klickraten bei E-Mails stiegen um 15 %, da die Kunden deutlich positiver auf individuell zugeschnittene Angebote reagierten. Ein Kunde bemerkte sogar: „Es ist, als würden sie wirklich zuhören und herausfinden, was ich will, statt mir einfach irgendwelche zufälligen Angebote zu schicken."

Der Marketingleiter fasste die Wirkung zusammen: „Es ist erstaunlich, wie viel ein persönlicher Ansatz ausmacht. Es fühlt sich an, als hätten wir endlich gelernt, mit unseren Kunden einen echten Dialog zu führen, statt ins Leere zu rufen."

Über die unmittelbaren Ergebnisse hinaus nutzte der Einzelhändler den Schwung, um eine nachhaltigere Promotionsstrategie zu entwickeln. Angebote konnten nun in Echtzeit an das Kundenverhalten, die Wettbewerbspreise und die Lagerbestände angepasst werden – ein klarer Vorteil im harten Wettbewerb.

Durch den Einsatz von KI verwandelte der Einzelhändler seine Werbekampagnen von einer margenbelastenden Maßnahme in einen präzisionsgetriebenen Wachstumsmotor.

Fallstudie 4: Generative KI bei der Markteintrittspreisgestaltung

Hintergrund

Für ein Start-up im Bereich pflanzenbasierte Lebensmittel bot die Expansion in neue Märkte enormes Potenzial – aber auch erhebliche Risiken. Jede Region, von den wohlhabenden Städten Europas bis zu den pulsierenden Zentren Südostasiens, verlangte zu Recht eine eigene Preisstrategie. Die Einsätze waren hoch: Zu hohe Preise würden neue Kunden abschrecken, zu niedrige Preise bedeuteten verschenktes Potenzial. Herkömmliche Marktforschung war langsam, teuer und oft nicht in der Lage, die feinen Unterschiede in den Verbraucherpräferenzen zu erfassen.

„Wir mussten zwei Fragen schnell beantworten", erklärte der Mitgründer. „Was sind die Kunden bereit zu zahlen? Und wie unterscheidet sich das von Region zu Region?"

KI-Lösung

Angesichts der Komplexität regionaler Unterschiede setzte das Start-up Generative KI ein, um die Lücke zwischen Datenanalyse und strategischer Preisfindung zu schließen. Die fortschrittlichen KI-Tools boten die nötige Agilität und Tiefe, um die Herausforderungen des Markteintritts zu meistern.

Analyse der Zahlungsbereitschaft:

Das KI-System durchforstete riesige Mengen unstrukturierter Daten, darunter Social-Media-Beiträge, Kundenrezensionen und Wettbewerber-Feedback. Durch die Synthese dieser Informationen konnte es die wichtigsten Einstellungen und Prioritäten der Verbraucher in jeder Region herausarbeiten. So zeigte sich etwa, dass Kunden in Westeuropa bereit waren, für als umweltfreundlich und lokal produziert vermarktete Produkte einen Aufpreis zu zahlen, während Verbraucher in Südostasien mehr Wert auf Erschwinglichkeit und Komfort legten.

Maßgeschneiderte Preisszenarien:

Mit diesen Erkenntnissen generierte die KI regionsspezifische Preisstrategien. Für einkommensstarke urbane Gebiete schlug sie Premium-Preisniveaus vor, die die besonderen Produktmerkmale wie Nachhaltigkeit und Gesundheitsvorteile betonten. Für preissensible Regionen empfahl sie kleinere Verpackungsgrößen mit niedrigeren Preisen, um die Zugänglichkeit zu erhöhen. So wurde sichergestellt, dass die Preisgestaltung sowohl zu den wirtschaftlichen Bedingungen als auch zu den Erwartungen der Verbraucher passte.

Mit Hilfe von Generativer KI konnte das Start-up zudem simulieren, wie Kunden auf verschiedene Preisniveaus reagieren würden – und so verschiedene Preisszenarien testen, ohne teure Pilotkampagnen durchführen zu müssen. „Es war, als würde man eine Fokusgruppe in Lichtgeschwindigkeit durchführen", so der Mitgründer.

Ergebnis

In den ersten drei Monaten nach dem Markteintritt stieg das Absatzvolumen des Unternehmens um 10 % im Vergleich zu früheren Produkteinführungen. Das Umsatzwachstum war besonders in urbanen Märkten mit

Premium-Preisen stark, während preissensible Regionen dank wertorientierter Strategien solide Verkaufszahlen lieferten.

Neben dem vielversprechenden finanziellen Effekt kam die maßgeschneiderte Preisstrategie bei den Kunden hervorragend an. In wohlhabenden europäischen Städten schätzten die Käufer die Werteorientierung der Marke. In Südostasien begrüßten die Verbraucher die Erschwinglichkeit und Zugänglichkeit der Produkte. Ein Kunde schrieb in einer Online-Bewertung: „Sie verstehen wirklich, was wir hier brauchen: Nicht einfach ein generisches Produkt, sondern eines, das zu unserem Lebensstil und Budget passt."

Dieser durchdachte Ansatz stärkte auch den Ruf des Unternehmens als kundenorientierte Marke. „Wir haben eben nicht einfach eine Einheits-Preisstrategie ausgerollt", betonte der Mitgründer. „Das hat den Kunden gezeigt, dass wir aufmerksam sind – und das hat sie eher dazu gebracht, unsere Produkte auszuprobieren."

Durch den Einsatz von Generativer KI meisterte das Start-up nicht nur die Komplexität regionaler Preisgestaltung, sondern schuf auch einen Rahmen für künftige Markteintritte. Der Erfolg zeigte, wie Spitzentechnologie marktspezifische Herausforderungen in Chancen für Wachstum und Kundenbindung verwandeln kann.

Fallstudie 5: Personalisierte Preisgestaltung auf einer globalen Reiseplattform

Hintergrund

Für eine globale Reiseplattform war Kundenloyalität das Rückgrat der Wettbewerbsstrategie. Dennoch wandten sich immer mehr Kunden der Konkurrenz zu, die mit auffälligeren Rabatten oder exklusiven Angeboten lockte. „Wir wussten, dass Personalisierung der Schlüssel ist", berichtete die Leiterin Kundenerlebnis der Plattform. „Aber das in großem Maßstab umzusetzen, war wie der Versuch, Millionen individueller Präferenzen zu jonglieren und dabei transparent und fair zu bleiben."

Sie sprach zwei zentrale Herausforderungen bei der Umsetzung personalisierter Preise an. Erstens die Skalierbarkeit: Wie kann man Millionen Nutzern personalisierte Preise und Angebote machen, ohne die Systeme zu überlasten? Zweitens die Transparenz: Individuelle Rabatte können die Loyalität stärken, aber jede Wahrnehmung von Willkür birgt das Risiko, Kunden zu verprellen und Vertrauen zu verlieren.

KI-Lösung

Die Plattform setzte fortschrittliches maschinelles Lernen ein, um diese Herausforderungen zu bewältigen. Das KI-System analysierte das Kundenverhalten und segmentierte die Nutzer anhand von drei Hauptdimensionen in umsetzbare Kategorien:

Reisehäufigkeit:
Vielflieger wurden mit exklusiven Rabatten, Bonus-Treuepunkten und bevorzugtem Zugang zu Blitzangeboten belohnt, um die Bindung zu stärken.

Präferenzen:
Hochwertige Nutzer, die häufig Luxusunterkünfte buchten, erhielten auf ihre Vorlieben zugeschnittene Angebote wie vergünstigte Premium-Services oder Upgrades. Preisbewusste Reisende wurden mit wertorientierten Angeboten angesprochen, die dennoch die Profitabilität der Plattform sicherten.

Preissensibilität:
Für besonders preissensible Nutzer entwickelte die KI gezielte Rabatte, die Konversionen anregten, ohne zu hohe Nachlässe oder Margenverluste zu verursachen.

Auf dieser Basis setzte die Plattform Generative KI ein, um in Echtzeit personalisierte Upselling-Möglichkeiten während des Buchungsprozesses zu schaffen. So sah beispielsweise ein Kunde, der einen Flug nach London buchte, kuratierte Angebote für vergünstigte Vier-Sterne-Hotels, Paketangebote für Mietwagen oder Premium-Reiseversicherungen. Diese Offerten orientierten sich an der Reisehistorie und dem Budget des Kunden und wirkten dadurch relevant und individuell.

Das Unternehmen legte bewusst Wert auf erklärende Transparenz bei jedem Angebot. KI-gestützte Aktionen enthielten klare Begründungen wie „Als Vielflieger erhalten Sie 15 % Rabatt auf diesen Premium-Service", um Vertrauen zu schaffen und die Preisindividualisierung nachvollziehbar und fair erscheinen zu lassen.

Ergebnis

Die Konversionsraten stiegen um 20 %, da die Kunden auf individuell zugeschnittene Angebote, die ihren Präferenzen entsprachen, positiv reagierten. Der durchschnittliche Buchungswert erhöhte sich um 15 %, getrieben durch gezielte Offerten, die besonders bei zahlungskräftigen Kunden Anklang fanden.

Generative KI verstärkte den Erfolg zusätzlich durch optimierte Upselling-Strategien. Mit ihren personalisierten Empfehlungen steigerte die Plattform die Zusatzumsätze um beeindruckende 25 %. Ob Upgrade auf eine Luxussuite oder ein Mietwagenpaket – die Upselling-Angebote wirkten durchdacht statt aufdringlich.

„Die Kunden hatten plötzlich das Gefühl, dass wir sie wirklich verstehen", so die Leiterin Kundenerlebnis. „Statt generischer Angebote bekamen sie Offerten, die perfekt zu ihrem Reisestil passten. Dieses Vertrauen führte zu Loyalität – und die wiederum zu höheren Ausgaben."

Die Initiative unterstrich auch das Bekenntnis der Plattform zu Transparenz. „Wir haben dafür gesorgt, dass jedes Angebot klar erklärt wurde – warum der Kunde es erhält und welchen Nutzen er davon hat", ergänzte der Pricing Manager. Diese Offenheit förderte das Vertrauen und hob die Plattform im Wettbewerbsumfeld hervor.

Durch die Integration von maschinellem Lernen und Generativer KI erreichte die Reiseplattform mehr als nur personalisierte Preise: Sie schuf ein nahtloses, kundenorientiertes Erlebnis, das Gelegenheitsnutzer in treue Stammkunden verwandelte.

Fallstudie 6: Reduzierung der Abwanderung bei einer Fitness-Abonnement-Plattform

Hintergrund

Für eine führende Fitness-Abonnement-Plattform war das Problem der Abwanderung zu einer großen Herausforderung geworden. Die Strategien zur Kundenbindung schienen nicht auszureichen. Obwohl die Plattform zu saisonalen Spitzenzeiten wie Neujahr einen Anstieg bei den Anmeldungen verzeichnete, kündigte eine beträchtliche Anzahl von Nutzern, insbesondere preisbewusste, ihr Abonnement bereits nach wenigen Monaten. Die Gründe für die Kündigung waren meist dieselben: finanzielle Engpässe oder nachlassende Motivation.

„Es war so frustrierend", berichtete die Leiterin für Kundenbindung der Plattform. „Wir wussten, dass wir ein großartiges Produkt haben, aber offensichtlich taten wir nicht genug, um die Nutzer zu binden und ihre Loyalität zu sichern." Die Lösung des Abwanderungsproblems erforderte mehr als Standardrabatte. Um die Ursache anzugehen, musste die Plattform das Kundenverhalten besser verstehen und einen personalisierten Ansatz zur Bindung entwickeln.

KI-Lösung

Die Plattform setzte Künstliche Intelligenz ein, um Antworten zu finden, und implementierte Machine-Learning-Modelle zur Analyse von Nutzeraktivitäten, Präferenzen und Zahlungsgewohnheiten. Die daraus gewonnenen Erkenntnisse führten zu zwei innovativen, auf die Bedürfnisse der Kunden zugeschnittenen Bindungsstrategien:

Individuelle Bindungsangebote:
Die KI analysierte Verhaltensdaten, um Nutzer mit hoher Aktivität zu identifizieren, also solche, die regelmäßig Workout-Kurse streamten, Fitness-Meilensteine erreichten oder Premium-Funktionen nutzten. Für diese Nutzer empfahl das System gezielte Angebote zur Aufwertung ihres Abonnements. Beispiele hierfür waren vergünstigte Premium-Abos mit persönlichem Coaching, erweiterten Fitness-Analysen oder exklusivem Zugang zu Kursen. Dieser Ansatz motivierte bereits engagierte Nutzer, ihre Bindung an die Plattform weiter zu vertiefen.

Pausieren-und-Fortsetzen-Pläne:
Für gefährdete Kunden, insbesondere solche mit ersten Anzeichen von Desinteresse (z. B. abnehmende Trainingsaktivität oder verspätete Zahlungen), schlug die KI eine flexible Pausieren-und-Fortsetzen-Funktion vor. Diese Option ermöglichte es Nutzern, ihr Abonnement vorübergehend zu unterbrechen, anstatt es vollständig zu kündigen. Gestützt auf Forschungsergebnisse, die zeigen, dass Flexibilität die Kundenbindung deutlich steigern kann, adressierte diese Funktion typische Gründe für die Abwanderung wie finanziellen Druck oder Zeitmangel (Cohen et al. 2021).

Die Leiterin für Kundenbindung erklärte: „Die Pausenoption diente nicht nur dazu, Kündigungen zu verhindern. Wir wollten unseren Nutzern zeigen, dass wir ihre Herausforderungen verstehen und sie unterstützen – auch wenn sie eine Auszeit brauchen."

Ergebnis

Die Wirkung war unmittelbar und beeindruckend. Innerhalb eines Jahres sank die Abwanderungsrate um 15 %, was für ein abonnementbasiertes Geschäftsmodell eine deutliche Verbesserung darstellt. Besonders die Pausieren-und-Fortsetzen-Funktion fand großen Anklang bei preisbewussten Nutzern, die den kundenorientierten Ansatz der Plattform schätzten.

Neben der Reduzierung der Abwanderung steigerten die individuellen Bindungsangebote den durchschnittlichen Umsatz pro Nutzer (ARPU) um

10 %. Engagierte Nutzer empfanden die Premium-Funktionen als so attraktiv, dass sie ein Upgrade vornahmen, was ihre Loyalität weiter festigte.

Das positive Kundenfeedback bestätigte den Erfolg der Strategie. Ein langjähriger Abonnent berichtete: „Ich habe das Gefühl, die Plattform behandelt mich als wertvollen Kunden und nicht nur als eine Nummer. Die Pauseoption kam genau zum richtigen Zeitpunkt und war der Grund, warum ich nicht sofort gekündigt habe, als es finanziell eng wurde."

Für das Team der Plattform war die Initiative ein Aha-Erlebnis. „Wir kämpfen nicht mehr nur gegen die Abwanderung", sagte die Leiterin für Kundenbindung. „Wir bauen Loyalität auf, indem wir unseren Nutzern zeigen, dass wir flexibel, reaktionsschnell und wirklich an ihrem Erfolg interessiert sind. Und das macht den entscheidenden Unterschied."

Fallstudie 7: Echtzeit-Unterstützung bei Verhandlungen

Hintergrund

Preisverhandlungen sind für Unternehmen oft entscheidende Momente – und für einen globalen Industriekonzern stellten sie eine wiederkehrende Schwachstelle dar. Geschäftsabschlüsse verzögerten sich, weil Vertriebsmitarbeiter mit Preisstrategien rangen: Mal gaben sie zu viel nach, um einen Abschluss zu erzielen, mal blieben sie zu hart und verloren den Kunden ganz.

„Es war ein einziges Durcheinander", gab der Vertriebsleiter des Unternehmens zu. „Manche Kollegen verschenkten alles, andere blieben stur und verschreckten die Kunden. Wir brauchten einen systematischen Ansatz, um Disziplin in unsere Verhandlungen zu bringen, ohne sie zu verlangsamen."

Mit steigenden Erwartungen an schnelle und fundierte Antworten suchte das Unternehmen nach einer Lösung, die sowohl Tempo als auch Klarheit bieten konnte.

KI-Lösung

Das Unternehmen führte ein Generative-AI-System ein, das speziell zur Unterstützung von Verhandlungen in Echtzeit entwickelt wurde. Dieses System adressierte zwei zentrale Herausforderungen:

Generierung von Gegenangeboten:
Die KI analysierte historische Geschäftsdaten, um Gegenangebote zu erstellen, die auf die jeweilige Kundensituation zugeschnitten waren. Durch die Berücksichtigung von Variablen wie Auftragsgröße, Kundenhistorie, Markttrends und Wettbewerberpreisen generierte das System Angebote, die Wettbewerbsfähigkeit und Rentabilität in Einklang brachten. Die KI konnte sofort dynamische Preisempfehlungen aussprechen, sodass das Vertriebsteam ohne Verzögerung auf Kundenwünsche reagieren konnte.

Individuelle Begründungen:
Neben Preisempfehlungen lieferte die KI auch kontextspezifische Begründungen für jedes Gegenangebot. Forderten Kunden beispielsweise einen Rabatt, konnte die KI erläutern, wie Produktionskosten oder Mengenvorteile in die Preisgestaltung einflossen. Diese Begründungen stärkten nicht nur das Vertrauen der Kunden, sondern gaben den Vertriebsmitarbeitern auch die Sicherheit, ihre Position selbstbewusst zu vertreten.

Das Unternehmen konzipierte das Tool als Ergänzung, nicht als Ersatz für menschliches Urteilsvermögen. „Das Ziel war nicht, den Menschen aus der Verhandlung zu nehmen", erklärte der Vertriebsleiter. „Wir wollten unseren Mitarbeitern die Werkzeuge an die Hand geben, um in jeder Situation souverän und konsistent zu agieren."

Vertriebsmitarbeiter konnten Details wie das Angebot eines Wettbewerbers oder den gewünschten Rabatt eines Kunden in das System eingeben. Innerhalb von Sekunden lieferte die KI einen Gegenvorschlag samt Begründung. So verliefen Verhandlungen auch unter Zeitdruck oder in angespannten Situationen reibungslos.

Ergebnis

Das Unternehmen verzeichnete eine Verkürzung der Abschlusszeiten um 18 %, da die Vertriebsmitarbeiter nicht mehr auf die Freigabe durch Preismanager oder Rücksprache mit anderen Abteilungen warten mussten, bevor sie auf Kunden reagierten. Diese Effizienz beschleunigte die Geschäftsabschlüsse, was von Kunden, die zeitnahe und gut begründete Angebote schätzten, positiv aufgenommen wurde. Zudem führte die Konsistenz der KI-Empfehlungen zu einer Margensteigerung von 8 % bei verhandelten Verträgen, da die Preisgestaltung nun stärker an Markttrends und den finanziellen Zielen des Unternehmens ausgerichtet war.

Die bedeutendste Veränderung zeigte sich jedoch im Vertriebsteam selbst. Anfangs herrschte Skepsis gegenüber der Rolle der KI im Verhandlungsprozess. Mit der Zeit lernten die Mitarbeiter das Tool jedoch zu schätzen und fühlten sich gestärkt statt ersetzt. „Der Roboter ersetzt nicht unser Bauchgefühl; er macht uns besser, schärfer, schneller und selbstbewusster im Gespräch", erklärte ein Vertriebsmitarbeiter. Diese durch datenbasierte Erkenntnisse gestützte Sicherheit verbesserte die Fähigkeit des Teams, Einwände zu entkräften, und gab ihnen mehr Kontrolle während der Verhandlungen.

Positives Kundenfeedback bestätigte den Erfolg der Initiative. Ein Kunde kommentierte: „Es war erfrischend, einen Lieferanten zu erleben, der seine Preisgestaltung so systematisch begründen kann. Der gesamte Prozess wirkt plötzlich viel kooperativer und vertrauenswürdiger." Dieser Wandel in der Herangehensweise an Preisgespräche half, stärkere, vertrauensbasierte Kundenbeziehungen aufzubauen und verwandelte eine frühere Schwachstelle in einen Wettbewerbsvorteil. Durch die Verbindung der analytischen Stärke von Generative AI mit dem Know-how und Urteilsvermögen des Vertriebsteams konnte das Unternehmen seinen Verhandlungsprozess optimieren, Abschlüsse effizienter erzielen und die Profitabilität steigern – und gleichzeitig die Kundenbindung stärken.

Hinter den Kulissen: KI-Algorithmus-Codes

Um die vorangegangenen Fallstudien greifbar zu machen, werfen wir einen Blick hinter die Kulissen auf die KI-Algorithmen, die sie ermöglichen. Dieser Abschnitt bietet vereinfachte Codebeispiele, die veranschaulichen, wie sich ähnliche Lösungen mit Python umsetzen lassen. Jeder Codeausschnitt bezieht sich auf einen der Fälle und gibt einen praxisnahen Einblick, wie KI auf reale Preisgestaltungs- und Geschäftsprobleme angewendet werden kann.

Diese Beispiele legen Wert auf Verständlichkeit und Zugänglichkeit und nutzen beliebte Python-Bibliotheken wie scikit-learn für Machine Learning, TensorFlow für Deep Learning und Prophet für Zeitreihenprognosen. Ob Sie Data Scientist, Führungskraft oder einfach neugierig auf die Funktionsweise von KI sind – dieser Abschnitt soll konkrete Einblicke in die praktische Anwendung dieser Tools bieten.

Tauchen wir nun in den Code ein, der KI-gestützte Preisgestaltung ermöglicht, und entdecken, wie diese Algorithmen Daten in umsetzbare Strategien verwandeln.

Algorithmus für Fallstudie 1: Dynamische Preisgestaltung im Skigebiet

KI-Algorithmus: Q-Learning für dynamische Preisgestaltung.

```python
import numpy as np
import random

# Definiere die Umgebung
states = {'low_demand': 0, 'high_demand': 1}
actions = {'price_low': 0, 'price_medium': 1, 'price_high': 2}
rewards = {
    'low_demand': {'price_low': 10, 'price_medium': 5, 'price_high': 1},
    'high_demand': {'price_low': -10, 'price_medium': 5, 'price_high': 20}
}

# Initialisiere Q-Tabelle
q_table = np.zeros((len(states), len(actions)))

# Parameter
learning_rate = 0.1
discount_factor = 0.9
epsilon = 1.0  # Anfangs-Explorationsrate
epsilon_decay = 0.995  # Abbaurate pro Episode
epsilon_min = 0.01
episodes = 5000

# Funktion zur Aktionsauswahl (Epsilon-Greedy)
def choose_action(state_index):
    if random.uniform(0, 1) < epsilon: #Exploration
        return random.choice(range(len(actions)))
    return np.argmax(q_table[state_index]) #Exploitation

# Simuliere die Umgebung
for episode in range(episodes):
    state_index = random.choice(list(states.values()))
    # Starte mit zufälligem Zustand
    done = False
    step = 0
```

```
while not done:
    action_index = choose_action(state_index)
    action = list(actions.keys())[action_index]
    reward = rewards[list(states.keys())[state_index]]
    [action]


    # Realistischere Zustandsübergänge
    (wahrscheinlichkeitsbasiert)
    if state_index == states['low_demand']:
        next_state_index = np.random.choice([states['low_
        demand'], states['high_demand']], p=[0.8, 0.2])
    else:
        next_state_index = np.random.choice([states['low_
        demand'], states['high_demand']], p=[0.3, 0.7])

    # Q-Learning-Update-Regel
    q_table[state_index, action_index] = (1 - learning_
    rate) * q_table[state_index, action_index] + \
  learning_rate * (reward + discount_factor
  * np.max(q_table[next_state_index]))

    state_index = next_state_index
    step+= 1

    # Begrenze die Schrittzahl pro Episode, um
    Endlosschleifen zu vermeiden
    if step>= 10:
        done = True

  # Epsilon abbauen
  epsilon = max(epsilon * epsilon_decay, epsilon_min)

# Zeige finale Q-Tabelle an
print(" Gelernte Q-Tabelle:")
print(q_table)
```

Erläuterung:

In diesem vereinfachten Q-Learning-Algorithmus passt das Skigebiet die Preise dynamisch an die Nachfragesituation an. Das Modell lernt im Zeitverlauf, welche Preisstrategie für jeden Nachfragetyp den höchsten Ertrag (Umsatz) erzielt.

Algorithmus für Fallstudie 2: Preisgestaltung für Kfz-Ersatzteile

KI-Algorithmus: Gradient Boosting für prädiktive Preisfindung. .

```
import pandas as pd
import numpy as np
from sklearn.ensemble import GradientBoostingRegressor
from sklearn.model_selection import train_test_split,
GridSearchCV
from sklearn.metrics import mean_absolute_error, r2_score
from sklearn.preprocessing import StandardScaler

# Simuliere einen größeren Datensatz (50 Stichproben)
np.random.seed(42)
data_size = 50
data = pd.DataFrame({
    'part_cost': np.random.uniform(100, 300, data_size),
    'demand': np.random.uniform(50, 350, data_size),
    'competitor_price': np.random.uniform(100, 320,
    data_size),
})

# Zielvariable (Preis) wird anhand einer Preisregel mit
Rauschen simuliert
data['price'] = 1.2 * data['part_cost'] + 0.5 *
data['demand'] + 0.8 * data['competitor_price'] + np.random.
normal(0, 10, data_size)

# Merkmale & Ziel
X = data[['part_cost', 'demand', 'competitor_price']]
y = data['price']

# Aufteilung in Trainings- und Testdaten
X_train, X_test, y_train, y_test = train_test_split(X, y,
test_size=0.2, random_state=42)

# Merkmals-Skalierung (optional, für stabileres Training)
scaler = StandardScaler()
X_train_scaled = scaler.fit_transform(X_train)
X_test_scaled = scaler.transform(X_test)
```

```
# Hyperparameter-Tuning mit GridSearchCV
param_grid = {
    'n_estimators': [100, 200],
    'learning_rate': [0.05, 0.1],
    'max_depth': [3, 5]
}

grid_search = GridSearchCV(GradientBoostingRegressor(),
param_grid, cv=3, scoring='neg_mean_absolute_error')
grid_search.fit(X_train_scaled, y_train)

# Trainiere Modell mit besten Parametern
best_model = grid_search.best_estimator_
best_model.fit(X_train_scaled, y_train)

# Preise vorhersagen
predicted_prices = best_model.predict(X_test_scaled)

# Leistung bewerten
mae = mean_absolute_error(y_test, predicted_prices)
r2 = r2_score(y_test, predicted_prices)

print(f" Bestes Modell: {grid_search.best_params_}")
print(f" Mittlerer absoluter Fehler: {mae:.2f}")
print(f" R²-Wert: {r2:.2f}")
print(" Prognostizierte Preise:", predicted_prices)
```

Erläuterung:
Dieser Code zeigt beispielhaft, wie Gradient Boosting eingesetzt werden kann, um optimale Preise für Kfz-Ersatzteile auf Basis von Faktoren wie Teilekosten, Nachfrage und Wettbewerberpreisen vorherzusagen.

Algorithmus für Fallstudie 3: Optimierung von Einzelhandelsaktionen

KI-Algorithmus: Random Forest zur Optimierung von Werbeaktionen. .

```
import pandas as pd
import numpy as np
from sklearn.ensemble import RandomForestRegressor
from sklearn.model_selection import train_test_split, GridSearchCV
```

```python
from sklearn.metrics import mean_absolute_error, r2_score
from sklearn.preprocessing import OneHotEncoder

# Simuliere einen größeren Datensatz (50 Stichproben)
np.random.seed(42)
data_size = 50
data = pd.DataFrame({
    'previous_sales': np.random.randint(1000, 2000,
    data_size),
    'discount_percentage': np.random.randint(5, 30,
    data_size),
    'promotion_type': np.random.choice(['Sale', 'Flash Sale',
    'Bundle'], data_size)
})

# Kategorische Variable 'promotion_type' kodieren
encoder = OneHotEncoder(sparse=False, drop='first')  # One-Hot-
Encoding
encoded_promo = encoder.fit_transform(data[['promotion_type']])
encoded_promo_df = pd.DataFrame(encoded_promo,
columns=encoder.get_feature_names_out())

# Kodierten Promotion-Typ wieder in den Datensatz einfügen
data = pd.concat([data, encoded_promo_df], axis=1)
data.drop(columns=['promotion_type'], inplace=True)

# Zielvariable (Umsatz nach der Aktion) mit etwas Rauschen
simuliert
data['sales_after_promotion'] = (
    data['previous_sales'] * (1 + data['discount_percentage']
    / 100) +
    100 * encoded_promo_df.sum(axis=1) +  # Effekt des
                                            Promotion-Typs
    np.random.normal(0, 50, data_size)  # Zufälliges Rauschen
)

# Merkmale & Zielvariable
X = data.drop(columns=['sales_after_promotion'])
y = data['sales_after_promotion']

# Aufteilung in Trainings- und Testdaten
X_train, X_test, y_train, y_test = train_test_split(X, y,
test_size=0.2, random_state=42)
```

```
# Hyperparameter-Tuning mit GridSearchCV
param_grid = {
    'n_estimators': [100, 200],
    'max_depth': [3, 5, 7],
    'min_samples_split': [2, 5]
}

grid_search = GridSearchCV(RandomForestRegressor(), param_
grid, cv=3, scoring='neg_mean_absolute_error')
grid_search.fit(X_train, y_train)

# Bestes Modell trainieren
best_model = grid_search.best_estimator_
best_model.fit(X_train, y_train)

# Vorhersage & Auswertung
predicted_sales = best_model.predict(X_test)
mae = mean_absolute_error(y_test, predicted_sales)
r2 = r2_score(y_test, predicted_sales)

print(f" Best Model Parameters: {grid_search.best_params_}")
print(f" Mean Absolute Error: {mae:.2f}")
print(f" R² Score: {r2:.2f}")
print(" Predicted Sales After Promotion:", predicted_sales)
```

Erläuterung:
Random Forests werden hier eingesetzt, um vorherzusagen, wie sich der Umsatz nach der Durchführung von Werbeaktionen auf Basis von vergangenen Umsätzen, Rabattprozentsatz und Aktionsart verändert.

Algorithmus für Fallstudie 4: Generative KI bei der Preisgestaltung für den Markteintritt

KI-Algorithmus: Generative Pre-trained Transformer (GPT-4) zur Szenariengenerierung.

```
import openai
import os
import time

# API-Schlüssel aus Umgebungsvariable laden (aus
Sicherheitsgründen nicht fest codieren)
```

3 Fallstudien: KI im Einsatz 123

```python
openai.api_key = os.getenv(" OPENAI_API_KEY")  # Stellen Sie sicher, dass Sie diese Variable in Ihrer Umgebung setzen

# Funktion zur Generierung eines Preisszenarios mit Fehlerbehandlung und Wiederholungen
def generate_pricing_scenario(prompt, model=" gpt-4", max_retries=3):
    attempt = 0
    while attempt < max_retries:
        try:
            response = openai.ChatCompletion.create(
                model=model,
                messages=[
                    {" role": " system", " content": " You are an expert in pricing strategies."},
                    {" role": " user", " content": prompt}
                ],
                max_tokens=500, #Erhöhtes Limit für bessere Antworten
                temperature=0.7
            )
            generated_scenario = response.get(" choices", [{}])[0].get(" message", {}).get(" content", "").strip()

            if not generated_scenario:
                raise ValueError(" Leere Antwort von GPT-4 erhalten.")

            return generated_scenario

        except Exception as e:
            print(f" Versuch {attempt + 1} fehlgeschlagen: {e}")
            attempt += 1
            time.sleep(2)  # Vor erneutem Versuch warten

    return " Fehler: Es konnte nach mehreren Versuchen kein Preisszenario generiert werden."

# Benutzereingabe zur Individualisierung zulassen
user_prompt = input(" Geben Sie Ihren Szenario-Prompt ein (oder drücken Sie Enter für die Voreinstellung): ").strip()
if not user_prompt:
```

```
user_prompt =
Generieren Sie eine Preisstrategie für die Einführung
eines pflanzenbasierten Produkts auf dem europäischen
Markt,
unter Berücksichtigung der lokalen wirtschaftlichen
Bedingungen und der Preise der Wettbewerber.

# Szenario generieren und anzeigen
pricing_scenario = generate_pricing_scenario(user_prompt)
print(" \nGeneriertes Preisszenario:\n", pricing_scenario)
```

Erläuterung:
Generative KI kann genutzt werden, um Preisszenarien auf Basis der Eigenschaften lokaler Geschäftsumfelder zu simulieren. So können Unternehmen maßgeschneiderte Preisstrategien für den Markteintritt entwickeln.

Algorithmus für Fallstudie 5: Personalisierte Preisgestaltung auf einer globalen Reiseplattform

KI-Algorithmus: K-Means-Clustering zur Kundensegmentierung. .

```
import pandas as pd
import numpy as np
import matplotlib.pyplot as plt
from sklearn.cluster import KMeans
from sklearn.preprocessing import StandardScaler
from yellowbrick.cluster import KElbowVisualizer

# Reisedaten simulieren
data = pd.DataFrame({
    'customer_id': [1, 2, 3, 4, 5, 6, 7, 8, 9, 10],
    'travel_frequency': [5, 10, 3, 12, 6, 9, 15, 4, 7, 8],
    'price_sensitivity': [0.8, 0.6, 0.9, 0.5, 0.7, 0.8, 0.4,
    0.7, 0.6, 0.5]
})

X = data[['travel_frequency', 'price_sensitivity']]

# Merkmale standardisieren für bessere Clustering-Leistung
scaler = StandardScaler()
X_scaled = scaler.fit_transform(X)
```

```
# Mit der Elbow-Methode die optimale Clusteranzahl bestimmen
model = KMeans(init='k-means++', random_state=42)
visualizer = KElbowVisualizer(model, k=(2,6))  # Test
zwischen 2 und 6 Clustern
visualizer.fit(X_scaled)
visualizer.show()

# Optimales k aus der Elbow-Methode wählen
optimal_k = visualizer.elbow_value_

# K-Means mit optimaler Clusteranzahl anwenden
kmeans = KMeans(n_clusters=optimal_k, init='k-means++',
random_state=42)
data['customer_segment'] = kmeans.fit_predict(X_scaled)

# Cluster visualisieren
plt.figure(figsize=(8,6))
plt.scatter(data['travel_frequency'], data['price_
sensitivity'], c=data['customer_segment'], cmap='viridis',
edgecolors='k')
plt.xlabel('Reisehäufigkeit')
plt.ylabel('Preissensitivität')
plt.title(f'Kundensegmentierung (k={optimal_k})')
plt.colorbar(label='Cluster')
plt.grid(True)
plt.show()
```

Erläuterung:
Das K-Means-Clustering wird eingesetzt, um Kunden basierend auf ihrer Reisehäufigkeit und Preissensitivität zu segmentieren. Durch die Standardisierung der Merkmale und die Bestimmung der optimalen Clusteranzahl mittels Elbow-Methode wird eine präzise Segmentierung gewährleistet.

Algorithmus für Fallstudie 6: Reduzierung der Abwanderung bei einer Fitness-Abonnementplattform

KI-Algorithmus: Entscheidungsbaum zur Vorhersage von Bindungsstrategien. .

```
import pandas as pd
from sklearn.tree import DecisionTreeClassifier, plot_tree
```

```python
from sklearn.model_selection import train_test_split,
cross_val_score
from sklearn.metrics import accuracy_score, precision_score,
recall_score, f1_score

# Abonnementdaten simulieren (z. B. Nutzungsfrequenz,
Engagement, Abonnementtyp)
data = pd.DataFrame({
    'usage_frequency': [5, 2, 8, 3, 6, 7, 4, 9, 1, 5],
    'engagement_score': [90, 45, 85, 50, 65, 75, 55, 95, 30,
    60],
    'churned': [0, 1, 0, 1, 0, 0, 1, 0, 1, 0]   # 1:
    Abgewandert, 0: Gebunden
})

X = data[['usage_frequency', 'engagement_score']]
y = data['churned']

# Daten in Trainings- und Testmenge aufteilen
X_train, X_test, y_train, y_test = train_test_split(X, y,
test_size=0.2, random_state=42)

# Entscheidungsbaum-Modell trainieren
model = DecisionTreeClassifier(max_depth=3, random_state=42)
model.fit(X_train, y_train)

# Abwanderung für Testdaten vorhersagen
predicted_churn = model.predict(X_test)

# Modellleistung bewerten
accuracy = accuracy_score(y_test, predicted_churn)
precision = precision_score(y_test, predicted_churn)
recall = recall_score(y_test, predicted_churn)
f1 = f1_score(y_test, predicted_churn)

# Kennzahlen ausgeben
print(" Vorhergesagte Abwanderung:", predicted_churn)
print(f" Genauigkeit: {accuracy:.4f}")
print(f" Präzision: {precision:.4f}")
print(f" Recall: {recall:.4f}")
print(f" F1-Score: {f1:.4f}")
```

3 Fallstudien: KI im Einsatz 127

```
# Entscheidungsbaum visualisieren
plt.figure(figsize=(12, 8))
plot_tree(model, filled=True, feature_names=X.columns, class_
names=['Gebunden', 'Abgewandert'], rounded=True)
plt.title('Entscheidungsbaum zur Abwanderungsvorhersage')
plt.show()
```

Erläuterung:
Entscheidungsbäume werden eingesetzt, um vorherzusagen, ob ein Nutzer voraussichtlich abwandert, basierend auf Nutzungsfrequenz und Engagement-Score. Dies unterstützt die Entwicklung von Bindungsstrategien. Die Modellleistung wird anhand von Kennzahlen wie Genauigkeit, Präzision, Recall und F1-Score bewertet.

Algorithmus für Fallstudie 7: Echtzeit-Unterstützung bei Verhandlungen

KI-Algorithmus: Generative Pre-trained Transformer (GPT-4) zur Generierung von Gegenangeboten in Echtzeit während Verhandlungen. .

```
import openai
import os

# OpenAI-API-Schlüssel sicher aus Umgebungsvariable abrufen
openai.api_key = os.getenv(" OPENAI_API_KEY")

# Beispielhafte Eingabedaten: Vertragsbedingungen,
Kundenprofil, Wettbewerberangebote
customer_profile = " Kunde: ABC Corp, Branche: Fertigung,
Verhandlungshistorie: bevorzugt langfristige Verträge,
aktuelles Vertragsvolumen: 1000 Einheiten"
competitor_offer = " Wettbewerberpreis: 500 $ pro Einheit,
12-Monats-Vertrag, kein Rabatt"

# Zusätzlicher Kontext für ein maßgeschneidertes Gegenangebot
unique_selling_points = " Unser Produkt bietet überlegene
Qualität und schnellere Lieferzeiten, was von ähnlichen
Kunden in Ihrer Branche geschätzt wird."
```

```python
# Alle relevanten Daten zu einem umfassenden Prompt
zusammenfassen
prompt = f
Generieren Sie ein Gegenangebot auf Basis der folgenden Daten:
Kundenprofil: {customer_profile}
Angebot des Wettbewerbers: {competitor_offer}
Unsere Preisstrategie: Flexible Preisgestaltung mit Rabatt
auf langfristige Verträge.
Alleinstellungsmerkmale: {unique_selling_points}
Unsere geschäftlichen Rahmenbedingungen: Maximaler Rabatt 10 %,
Vertragslaufzeit: 12-24 Monate.

# Mit dem GPT-4-Modell von OpenAI das Gegenangebot generieren
response = openai.Completion.create(
    model=" gpt-4",
    prompt=prompt,
    max_tokens=250,
    temperature=0.6,  # Niedrigere Temperatur für konsistentere
    Antworten
    top_p=1.0,
    n=1,
    stop=[" \n"]
)

# Das generierte Gegenangebot extrahieren und anzeigen
generated_text = response.choices[0].text.strip()

# Sicherstellen, dass das Gegenangebot den geschäftlichen
Rahmenbedingungen entspricht (z. B. Maximalrabatt,
 Vertragslaufzeit)
if " Rabatt" in generated_text and " langfristiger Vertrag"
in generated_text:
    print(" Generiertes Gegenangebot:", generated_text)
else:
    print(" Gegenangebot entspricht nicht den geschäftlichen
    Rahmenbedingungen. Bitte manuell prüfen.")
```

Erläuterung:
In dieser Fallstudie generiert das generative KI-Modell GPT-4 in Echtzeit ein Gegenangebot während einer Verhandlung. Die Eingabe umfasst das Kundenprofil, das Angebot des Wettbewerbers und die Preisstrategie. Das Modell nutzt diese Informationen, um ein maßgeschneidertes Gegenangebot zu erstellen, das Vertriebsteams dabei unterstützt, während Verhandlungen dynamisch und fundiert zu reagieren.

Lektionen aus der Praxis

Das wachsende Ensemble von KI-Modellen wirkt in komplementärer Weise zusammen, um Preisstrategien zu optimieren. Während KI-Technologien wie maschinelles Lernen bei der Analyse brillieren, indem sie Preissetzung durch die Analyse von Datenmustern, die Prognose der Nachfrage und die entsprechende Festlegung von Preisen mit hoher Genauigkeit steuern, bringt Generative KI eine zusätzliche Dimension von Kreativität und Flexibilität ein. Maschinelles Lernen hilft, Preisgestaltungsmodelle datenbasiert zu verfeinern, während Generative KI diese Daten weiter nutzt, um maßgeschneiderte Preisszenarien und personalisierte Angebote zu generieren, die auf verschiedene Kundensegmente zugeschnitten sind (Zhou 2023a, b). Während maschinelles Lernen beispielsweise Preise an Nachfrageschwankungen anpasst, kann Generative KI individuelle Rabatte oder Bündelangebote für einzelne Kunden entwickeln, wobei deren Kaufhistorie und Präferenzen berücksichtigt werden.

Eine effektive Datenintegration spielt eine entscheidende Rolle für den erfolgreichen Einsatz von KI. Es geht nicht nur darum, Zugang zu großen Datenmengen zu haben. Vielmehr ist es entscheidend, die Big Data so zu organisieren und zu strukturieren, dass KI-Systeme sie effizient verarbeiten können. In der Reise- und Transportbranche ist beispielsweise die Integration von Echtzeitdaten unerlässlich, damit KI-Systeme Preise dynamisch an Veränderungen von Angebot und Nachfrage anpassen können. Uber nutzt beispielsweise Datenströme sowohl von Fahrern als auch von Fahrgästen, um die Fahrpreise während Stoßzeiten anzupassen (Zhou 2023a, b). Ohne die Fähigkeit, Daten aus verschiedenen Quellen nahtlos zu integrieren, könnten KI-Modelle keine zeitnahen und präzisen Preisempfehlungen liefern.

Der Return on Investment (ROI) von KI-gestützter Preisgestaltung wird in der Regel bereits wenige Monate nach der Implementierung sichtbar. Unternehmen aus dem Einzelhandel und der Hotellerie, die KI-Preisstrategien einführen, verzeichnen häufig bereits in den ersten sechs Monaten signifikante Umsatzsteigerungen. Einzelhändler, die KI für dynamische Preisgestaltung nutzen, können Preise in Echtzeit anpassen und so den Umsatz in Zeiten hoher Nachfrage steigern (Zhou 2023a, b). Indem KI-Lösungen kontinuierlich aus dem Kundenverhalten, Nachfrageschwankungen und Markttrends lernen, verfeinern sie ihre Preisstrategien fortlaufend. Dies führt sowohl zu kurzfristigen Umsatzsteigerungen als auch zu stärkeren, vertrauensvolleren Kundenbeziehungen, da personalisierte und faire Preismodelle auf Basis der tatsächlichen Nachfrage statische Preisformeln ersetzen.

Literatur

Bertsimas D, Kallus N (2020) Machine learning for dynamic pricing. Manag Sci 66(3):825–842. https://doi.org/10.1287/mnsc.2019.3257

Cohen M, Lobel I, Perakis G (2021) Dynamic customer retention strategies: Evidence from AI-enabled models. J AI Res 70:231–249. https://doi.org/10.1613/jair.2021

Gans JS, Goldfarb A, Agrawal A (2018) Prediction machines: the simple economics of artificial intelligence. Harvard Business Review Press

Shankar V, Bolton RN (2021a) AI and pricing: advances, opportunities, and challenges. J Mark Res 58(2):367–385. https://doi.org/10.1177/0022243720972364

Shankar V, Bolton RN (2021b) AI and customer retention: strategies for success. J Mark Res 58(2):367–385. https://doi.org/10.1177/0022243720972364

Skift Insights. (2023). AI-enabled strategies in travel and hospitality: The dynamic pricing advantage. Retrieved from https://www.skift.com

Talluri KT, van Ryzin GJ (2004) The theory and practice of revenue management. Springer

The Alan Turing Institute. (2023). Generative AI for consumer insights and market analysis. Retrieved from https://www.turing.ac.uk

Zhou J (2023a) Leveraging AI for dynamic pricing in the digital economy. J Artif Intell Bus 19(2):34–48

Zhou X (2023b) The impact of dynamic pricing in retail: How AI is changing the game. J Retail Technol 35(4):48–60

4

Organisatorischen Wandel für KI-gestützte Preisgestaltung steuern

Einleitung

KI-gestützte Preisgestaltung verkörpert eine tiefgreifende organisatorische Transformation. Sie markiert den Wendepunkt, an dem traditionelle Preisfindungsmethoden, die auf Intuition und Tabellenkalkulationen basieren, sich in KI-basierte Systeme verwandeln, die Präzision, Agilität und verbesserte Entscheidungsfindung ermöglichen. Dieser Wandel eröffnet beispiellose Chancen, bringt jedoch auch erhebliche Herausforderungen mit sich (Brynjolfsson und McAfee 2014; Davenport und Ronanki 2018).

Die Idee, KI zur Steuerung von Preisentscheidungen einzusetzen, ruft häufig gemischte Reaktionen hervor. Die Unternehmensführung ist möglicherweise begeistert vom Potenzial der KI, Umsätze zu steigern und Wettbewerbsvorteile zu schaffen. Dennoch gibt es zahlreiche Hürden, etwa das Überzeugen skeptischer Stakeholder, den Umgang mit Widerständen in Teams, die an manuelle Methoden gewöhnt sind, sowie die Sicherstellung, dass KI-Systeme Fairness, Ethik und Unternehmenswerte wahren. Studien zeigen beispielsweise, dass Widerstand von Mitarbeitenden häufig aus der Angst resultiert, die Kontrolle über Entscheidungsprozesse zu verlieren, oder aus mangelndem Vertrauen in KI-gestützte Empfehlungen (McKinsey & Company 2023).

Aufbauend auf dem in Kap. 2 diskutierten KI-Einführungsprozess, widmet sich dieses Kapitel der Führungsdimension, insbesondere der Frage, wie Führungskräfte diese Herausforderungen wirksam meistern können. Es bietet Einblicke in die Entwicklung überzeugender Argumente für die

Einführung von KI, Strategien zur Einbindung widerständiger Teams sowie Rahmenwerke zur Bewältigung der kulturellen und ethischen Komplexitäten, die mit dem Einsatz von KI-Lösungen einhergehen (Davenport und Ronanki 2018).

Fallstudien im gesamten Kapitel veranschaulichen diese Herausforderungen und Erfolge. So ist es einigen Unternehmen gelungen, Vertriebsteams bereits in der Entwicklungsphase von KI-gestützten Preismodellen einzubinden und Skeptiker zu Befürwortern zu machen, indem sie aufzeigten, wie deren Expertise die Empfehlungen des Systems verbessert. Ebenso hat sich Transparenz in den Abläufen der KI als förderlich für das Vertrauen sowohl interner Stakeholder als auch von Kundinnen und Kunden erwiesen – ein entscheidender Faktor für die Akzeptanz von KI (The Alan Turing Institute 2023).

Wenn Sie Ihr Unternehmen durch diesen spannenden Prozess führen, implementieren Sie nicht nur KI, sondern denken auch die Rolle der Preisgestaltung als strategische, kundenorientierte Funktion neu. Auch wenn KI die Algorithmen steuert, sind es visionäre Führungskräfte, die Teams dazu inspirieren, Veränderungen zu akzeptieren und das volle Potenzial von Innovationen auszuschöpfen.

Die Argumentation für KI im Pricing

Stellen Sie sich vor, Sie sprechen vor dem Führungsteam Ihres Unternehmens und sind beauftragt, die transformativen Möglichkeiten von KI im Pricing zu präsentieren. Die Atmosphäre ist geprägt von einer Mischung aus Neugier und Skepsis, und Ihr Ziel ist klar: Es handelt sich nicht um einen weiteren Pitch für die Einführung einer neuen Technologie; vielmehr geht es darum, darzulegen, warum KI im Pricing essenziell ist, um die strategischen Ziele des Unternehmens zu erreichen und in den heutigen, sich rasant verändernden Märkten wettbewerbsfähig zu bleiben (Brynjolfsson und McAfee 2014; Davenport und Ronanki 2018).

Um diese Argumentation überzeugend zu gestalten, braucht es eine Mischung aus Storytelling, analytischer Strenge und strategischer Ausrichtung. Sie müssen die Anliegen verschiedener Stakeholder adressieren – sei es der CFO, der sich auf Budgetauswirkungen konzentriert, oder der Vertriebsleiter, der nach innovativen Wegen zur Umsatzsteigerung sucht. Im Zentrum Ihrer Argumentation sollten eindeutige Belege dafür stehen, wie KI-gestütztes Pricing messbare Ergebnisse liefert – von Umsatzwachstum bis hin zu verbesserter operativer Effizienz (Smith und Anderson 2021).

Den Wert von KI für Stakeholder kommunizieren

Im Mittelpunkt Ihrer Präsentation steht das Wertversprechen: Warum ist die Investition in KI-basierte Pricing-Lösungen nicht nur vorteilhaft, sondern entscheidend? Betrachten wir das Beispiel von Vanessa, einer globalen Pricing-Managerin bei einem großen Elektronikdistributor. Jahrelang verließ sich ihr Team auf manuelle Prozesse zur Preisfestsetzung für Tausende von SKUs, was zu häufigen Fehlern und verpassten Chancen führte. Kunden handelten oft hohe Rabatte aus, die die Margen schmälerten, während Wettbewerber sie mit agileren Preisstrategien überholten (Smith et al. 2022).

Als Vanessa die Einführung von KI für dynamisches Pricing vorschlug, waren die Reaktionen zunächst gemischt. Der COO war begeistert, doch der CFO zögerte und äußerte Bedenken hinsichtlich der Kosten. Vanessa nahm diese Vorbehalte ernst und formulierte ihr Argument präzise. Sie begann damit, die greifbaren Vorteile aufzuzeigen:

1. **Umsatzwachstum:** Vanessa hob hervor, wie KI Echtzeit-Preisanpassungen auf Basis von Nachfrage, Wettbewerbsaktivitäten und Zahlungsbereitschaft der Kunden ermöglicht. Sie verwies auf Studien, die zeigen, dass bereits eine 1%ige Verbesserung der Preisoptimierung zu einem Anstieg des operativen Gewinns um 8–10% führen kann (Brynjolfsson und McAfee 2014; Gans et al. 2018).
2. **Wettbewerbsvorteil:** Vanessa stellte KI als strategische Notwendigkeit dar und wies darauf hin, dass die führenden Unternehmen der Branche bereits ähnliche Lösungen implementiert hatten. Ein Rückstand könnte Marktanteile und Kundenloyalität gefährden. Sie zitierte eine Fallstudie, in der prädiktive Pricing-Modelle es einem Wettbewerber ermöglichten, die Rabattfrequenz um 20% zu senken und gleichzeitig die Kundenzufriedenheit aufrechtzuerhalten (Davenport und Ronanki 2018).
3. **Operative Effizienz:** Sie betonte, wie KI die manuelle Arbeitsbelastung ihres Teams verringern, Fehler reduzieren, Prozesse verschlanken und es ihnen ermöglichen könnte, sich auf strategische Aufgaben wie die Identifikation neuer Markttrends zu konzentrieren.
4. **Kosteneinsparungen:** Durch die Automatisierung routinemäßiger Abläufe könnte das Team erhebliche Kosteneinsparungen durch höhere Genauigkeit, schnellere Durchlaufzeiten und geringere Abhängigkeit von externen Ressourcen erzielen.

Um ihre Argumentation weiter zu untermauern, präsentierte Vanessa Beispiele von Unternehmen in ähnlichen Situationen, die KI-basierte Pricing-Systeme erfolgreich eingeführt hatten. Ein Wettbewerber etwa erzielte deutliche Umsatzsteigerungen, indem er prädiktive Modelle integrierte, die Rabattstrategien optimierten und gleichzeitig die Kundenbindung bewahrten (Shankar und Bolton 2021).

Vanessas datenbasierter Ansatz überzeugte das Führungsteam. Indem sie die Fähigkeiten der KI mit den strategischen Zielen des Unternehmens verknüpfte und spezifische Stakeholder-Bedenken adressierte, gelang es ihr, darzulegen, dass die Einführung von KI-basierten Pricing-Lösungen nicht nur ein technologisches Upgrade, sondern eine entscheidende Investition in die Zukunft des Unternehmens ist.

KI-gestütztes Pricing mit übergeordneten Unternehmenszielen verknüpfen

Der Erfolg jeder KI-gestützten Pricing-Lösung hängt davon ab, wie gut sie mit den übergeordneten Zielen der Organisation abgestimmt ist. KI ist nicht nur ein weiteres Analysewerkzeug; sie ist ein strategischer Enabler, der Preisoptimierung mit den Ergebnissen verbindet, die für das Unternehmen am wichtigsten sind (Davenport und Ronanki 2018).

Betrachten wir die Erfahrung einer globalen Einzelhandelskette, die sich dieser Dynamik stellen musste. Der CIO hatte monatelang für KI-basiertes Pricing geworben, konnte aber den CEO nicht überzeugen, der sich ausschließlich auf die Verbesserung der Kundenzufriedenheitskennzahlen konzentrierte. „Kundenloyalität ist nicht verhandelbar", betonte der CEO immer wieder. „Wenn wir ihr Vertrauen verlieren, gehen sie woanders hin."

Der Wendepunkt kam, als der CIO den Vorschlag neu ausrichtete und den Fokus auf die Kundenzufriedenheit legte. Anstatt KI als Kostenoptimierungswerkzeug zu positionieren, hob der CIO das Potenzial für personalisierte, faire Preisgestaltung hervor. Er präsentierte Fallstudien, die zeigten, wie Machine-Learning-Modelle Kunden mit Abwanderungsrisiko identifizieren und gezielte Anreize zu deren Bindung bieten können.

„KI dreht sich nicht nur um Margenverbesserung", erklärte er. „Sie ermöglicht es uns, Preiserlebnisse zu schaffen, die bei unseren Kunden Anklang finden, Rabatte zu bieten, die als personalisiert empfunden werden, und durch Fairness Vertrauen aufzubauen." Durch die Ausrichtung des Vorschlags an den Zielen des CEO verlagerte sich das Gespräch. Der zuvor skeptische CEO genehmigte die Initiative im Folgemonat und erkannte das

Potenzial, sowohl die Loyalität als auch die Profitabilität zu steigern (Smith und Anderson 2021).

Damit KI-gestütztes Pricing erfolgreich ist, muss es nahtlos mit der Mission des Unternehmens verknüpft werden. Ob der Fokus auf Kundenbindung, Umsatzwachstum oder Differenzierung vom Wettbewerb liegt – die Ausrichtung der Technologie auf die zentralen Unternehmensziele macht sie von einem Werkzeug zu einer transformativen Strategie.

Eine überzeugende Erzählung entwickeln

Auch wenn Daten und Kennzahlen das Rückgrat jedes Business Case bilden, hat Storytelling die einzigartige Kraft, emotionale Verbindungen zu schaffen und die menschliche Seite von Herausforderungen und Chancen hervorzuheben. Eine gut erzählte Geschichte kann Ihr Argument für KI im Pricing deutlich nachhaltiger bei Ihrem Publikum verankern.

Betrachten Sie das Beispiel eines Revenue Managers einer Regionalfluggesellschaft. Anstatt direkt mit Zahlen zu beginnen, eröffnete er seine Präsentation mit einer eindrücklichen persönlichen Erfahrung. Während eines plötzlichen Schneesturms hatte sein Team Schwierigkeiten, Ticketpreise in Echtzeit manuell anzupassen. Wettbewerber unterboten sie rasch, um von der Nachfrage zu profitieren, während seine Airline zurückfiel – mit Umsatzverlusten und frustrierten Kunden als Folge. „Dieser Tag war ein Weckruf", reflektierte er. „Der Markt bewegt sich schneller, als wir manuell reagieren können, und wir dürfen das nicht noch einmal zulassen."

Diese Geschichte fesselte nicht nur die Aufmerksamkeit, sondern verlieh dem Problem auch eine menschliche Dimension. Anschließend schlug er elegant die Brücke zur Lösung durch KI. Predictive Analytics, so erklärte er, würden es der Airline ermöglichen, Nachfragespitzen in ähnlichen Situationen vorherzusehen und Preise dynamisch anzupassen, um wettbewerbsfähig zu bleiben und gleichzeitig die Gewinnmargen zu sichern. Seine Erzählung traf einen Nerv, weil sie nachvollziehbar war und einen Schmerzpunkt adressierte, den viele im Raum selbst erlebt hatten.

Indem er die Technologie mit realen Herausforderungen und Ambitionen verknüpfte, machte er das Argument für KI-basiertes Pricing überzeugend und einprägsam. Dieser Storytelling-Ansatz unterstreicht, dass es bei KI nicht nur um Algorithmen geht, sondern um die Lösung praktischer Probleme, mit denen Unternehmen täglich konfrontiert sind (Chui et al. 2021; Davenport und Ronanki 2018).

Häufige Bedenken adressieren

Um KI-gestütztes Pricing erfolgreich zu vertreten, müssen potenzielle Einwände von Stakeholdern proaktiv erkannt und adressiert werden. Häufige Bedenken betreffen Kosten, Komplexität und mögliche Störungen bestehender Arbeitsabläufe. Indem Sie diese Themen offen ansprechen und klare, evidenzbasierte Lösungen bieten, können Sie Vertrauen und Unterstützung für Ihr Vorhaben schaffen.

Nehmen wir das Beispiel eines Fertigungsunternehmens, dessen Führung sich wegen der Kosten gegen KI-basiertes Pricing sträubte. Die Pricing-Verantwortliche ging das Thema direkt an: „Ja, es gibt eine Anfangsinvestition", räumte sie ein, „aber betrachten wir die Amortisationszeit." Sie präsentierte ein Finanzmodell, das prognostizierte, dass die Lösung innerhalb von 12 Monaten die Gewinnschwelle erreichen und langfristig erhebliche Renditen generieren würde. Durch die Quantifizierung des ROI stellte sie die Kosten als Investition statt als Ausgabe dar und nahm so die finanziellen Bedenken (Binns 2018; Choudhury et al. 2022).

Für Stakeholder, die sich vor der Komplexität fürchteten, lag der Fokus auf Einfachheit. „Sie müssen nicht jeden Algorithmus verstehen", beruhigte sie das Team. „Stellen Sie sich dieses System wie ein Navigationsgerät für Pricing vor. Es erledigt die komplexen Berechnungen im Hintergrund und liefert Ihnen klare, umsetzbare Empfehlungen." Durch die Betonung intuitiver Oberflächen und handlungsorientierter Erkenntnisse zeigte sie auf, wie KI Entscheidungen vereinfacht statt sie zu verkomplizieren (Lee 2019; Kumar und Shah 2021).

Dieser Ansatz unterstreicht den Wert von Transparenz und Nachvollziehbarkeit bei der Überwindung von Einwänden. Bedenken offen und mit greifbaren Beispielen sowie praxisnahen Analogien zu begegnen, hilft, KI zu entmystifizieren und fördert Vertrauen und Zusammenhalt im Team.

Die zentrale Botschaft

Eine überzeugende Argumentation für KI im Pricing erfordert, dass Sie die wichtigsten Stakeholder davon überzeugen, wie diese Fähigkeiten zu den spezifischen Herausforderungen, Zielen und Werten Ihrer Organisation passen. Das Gespräch sollte sich auf das konzentrieren, was für Ihre Stakeholder am meisten zählt – sei es Kosteneffizienz, stärkere Kundenbindung oder die Sicherung eines Wettbewerbsvorteils. Indem Sie Ihre Botschaft auf diese

Prioritäten zuschneiden, stellen Sie sicher, dass Sie deren Anliegen und Ambitionen adressieren (Chui et al. 2021; Hagel 2020).

Die überzeugendsten Argumente drehen sich nicht um Daten und Algorithmen; sie müssen Transformation ermöglichen. Die wirkungsvollsten Erzählungen zeigen, wie KI drängende Probleme löst, neue Chancen erschließt und letztlich zu einem bedeutenden organisatorischen Wachstum führt. Die KI-Geschichte wird dann überzeugend, wenn Sie nicht die technische Raffinesse der Algorithmen betonen, sondern zeigen, wie sie die Kundenabwanderung reduziert und den Umsatz durch personalisierte Angebote gesteigert haben (Kumar und Shah 2021; Lee 2019).

Wenn Sie Ihre Argumentation vorbereiten, verstehen Sie sich nicht nur als Fürsprecher für KI: Sie sind ein Geschichtenerzähler. Ihre Aufgabe ist es, eine Vision zu entwerfen, wie KI Abläufe revolutionieren, Ergebnisse verbessern und das Unternehmen auf dem Weg zu seinen Zielen unterstützen kann. Eine starke Erzählung fesselt nicht nur die Aufmerksamkeit, sondern inspiriert auch zum Handeln und ebnet so den Weg für die erfolgreiche Integration von KI-basiertem Pricing im gesamten Unternehmen (Mikalef et al. 2019; Smith und Anderson 2021).

Herausforderungen meistern

Die Integration von KI in die Preisgestaltung gleicht einer Reise durch unbekanntes Terrain. Obwohl die potenziellen Vorteile wie gesteigerte Profitabilität und datenbasierte Entscheidungsfindung verlockend sind, verläuft der Prozess selten geradlinig. Organisationen stoßen häufig auf technische Hürden, etwa bei der Einbindung von KI in bestehende Systeme, sowie auf kulturellen Widerstand von Mitarbeitenden, die innovativen Technologien skeptisch gegenüberstehen. Diese Herausforderungen, so unüberwindbar sie auch erscheinen mögen, bieten jedoch einzigartige Chancen, Strategien zu verfeinern, Zusammenarbeit zu fördern und eine solide Basis für nachhaltigen Erfolg zu schaffen (Mikalef et al. 2019; Chui et al. 2021).

Anstatt Einwände als Hindernisse zu betrachten, ist es konstruktiver, sie als Sprungbretter zu begreifen. Die Überwindung dieser Herausforderungen erfordert strategische Planung, offene Kommunikation und Anpassungsfähigkeit. Indem Widerstände adressiert und funktionsübergreifende Teams aufeinander abgestimmt werden, können Unternehmen das transformative Potenzial von KI erschließen und sich in den heutigen, sich rasant verändernden Märkten einen Wettbewerbsvorteil sichern (Hagel 2020).

Widerstände gegen Veränderungen überwinden

Widerstand gegen Veränderungen ist eine dauerhafte Herausforderung bei jedem organisatorischen Wandel. Mitarbeitende empfinden KI-Systeme oft als Bedrohung für ihre Aufgaben, ihre Expertise oder etablierte Prozesse. Eine erfolgreiche Einführung von KI erfordert Empathie, Transparenz und greifbare Nachweise für den Mehrwert der Technologie.

Betrachten wir das Beispiel eines mittelständischen Fertigungsunternehmens, das KI-gestützte Preisgestaltung einführen wollte, um den Angebotsprozess zu optimieren. Das Vertriebsteam, das an „altmodische" Verhandlungen gewöhnt war, lehnte die Idee zunächst ab, da es befürchtete, Algorithmen könnten die Beziehung zu den Kunden beeinträchtigen. „Wenn Kunden glauben, dass wir nur noch Maschinen für die Preisfindung nutzen, wenden sie sich ab", argumentierte ein erfahrener Vertriebsmitarbeiter.

Das Management erkannte diese Bedenken und entschied sich für einen kooperativen Ansatz. Das Vertriebsteam wurde in ein Pilotprojekt eingebunden, in dem es die Möglichkeit erhielt, zu erleben, wie KI ihre Erfahrung und Fähigkeiten ergänzen kann. Das KI-System analysierte historische Daten und Wettbewerbsbenchmarks, um in Echtzeit Preisstufen zu empfehlen. Die Vertriebsmitarbeitenden behielten die Möglichkeit, Vorschläge zu übersteuern, was die Sorge um den Verlust von Autonomie minderte.

Ein Vertriebsmitarbeiter berichtete von einem Aha-Erlebnis während der Testphase: „Anfangs habe ich an der Wirksamkeit gezweifelt. Aber als das System einem Kunden, bei dem ich mit harten Verhandlungen gerechnet hatte, einen höheren Preis vorschlug und dieser akzeptiert wurde, wurde mir klar, dass ich unsere Produkte bislang unter Wert verkauft hatte."

Dieser Wendepunkt führte zu einem Einstellungswandel. Das Vertriebsteam sah KI nun nicht mehr als Ersatz, sondern als Entscheidungsunterstützung, die Effizienz und Selbstvertrauen stärkt. Innerhalb von sechs Monaten wurde die KI-Lösung im gesamten Unternehmen ausgerollt, wobei die Vertriebsmitarbeitenden zu ihren größten Befürwortern wurden (Hagel 2020; Davenport und Ronanki 2018).

Daten-Silos und technische Herausforderungen bewältigen

Selbst hochmotivierte Teams können auf technische Hürden stoßen, die die erfolgreiche Umsetzung KI-gestützter Preisstrategien behindern. Ein besonders weit verbreitetes Problem sind Daten-Silos. Getrennte Systeme und abteilungsbezogene Abschottung verhindern die Zusammenführung kritischer Informationen und erschweren so das effektive Training von KI-Modellen (Chen et al. 2021). Ohne konsistente und integrierte Daten liefern KI-Algorithmen möglicherweise inkonsistente oder irreführende Ergebnisse, was die Entscheidungsfindung beeinträchtigt.

Eine große Einzelhandelskette liefert ein anschauliches Beispiel für diese Problematik. Als das Unternehmen erstmals KI-gestützte Preisgestaltung einführen wollte, erzielten die Modelle unvorhersehbare Resultate. Die Ursache lag in verstreuten Datensätzen über verschiedene Systeme hinweg. Verkaufsdaten wurden auf einer Plattform gespeichert, Lagerbestände auf einer anderen und Kundenverhaltensdaten wiederum an anderer Stelle.

Angesichts des dringenden Bedarfs an Datenharmonisierung stellte das Unternehmen ein funktionsübergreifendes Team aus Mitarbeitenden der Bereiche Vertrieb, IT und Supply Chain zusammen. Ziel war es, alle relevanten Datensätze in einer zentralen Cloud-Plattform als „Single Source of Truth" zu integrieren und so Einheitlichkeit und Kompatibilität sicherzustellen. Der Prozess umfasste das Bereinigen, Standardisieren und Vereinheitlichen der Daten – ein Projekt, das ein schmerzhaftes Jahr in Anspruch nahm.

Nach Abschluss der Integration war das Ergebnis jedoch umso erfreulicher. Das KI-Modell begann, verlässliche Erkenntnisse zu liefern, etwa zur Identifikation von Überbeständen für Preisnachlässe oder zur Erkennung unterbewerteter Produkte mit verstecktem Gewinnpotenzial. Die Wirksamkeit von KI-Preisgestaltungssystemen hängt nicht nur von der Raffinesse der Algorithmen, sondern maßgeblich von der Robustheit der zugrundeliegenden Dateninfrastruktur ab (Chen et al. 2021).

Sofortige Erfolge und langfristige Ziele in Einklang bringen

Eine zentrale Herausforderung bei der Einführung KI-gestützter Preisgestaltung besteht darin, das Gleichgewicht zwischen dem unmittelbaren Bedarf an sichtbaren Ergebnissen und der langfristigen strategischen Vision zu finden. Stakeholder sind häufig stärker an kurzfristigen Resultaten interessiert, etwa einer sofortigen Steigerung der Margen oder Umsätze, doch die eigentliche Stärke von KI liegt in ihrer Fähigkeit, zu lernen, sich anzupassen und über die Zeit hinweg einen kumulierten Mehrwert zu liefern (Bertsimas und Kallus 2020; Choi et al. 2021).

Ein regionaler Lebensmitteleinzelhändler stand bei der Einführung seiner KI-Preisgestaltungslösung genau vor diesem Dilemma. Die

Unternehmensleitung forderte eine schnelle Kapitalrendite und erwartete von Beginn an deutliche Margenverbesserungen. Die ersten Ergebnisse waren jedoch enttäuschend, da das KI-System Zeit benötigte, um aus Verkaufsdaten, Kundenverhalten und Marktdynamik zu lernen.

Das Pricing-Team sah sich wachsendem Druck von Stakeholdern ausgesetzt, die die Investition rechtfertigen wollten. „Es ist schwer, der Geschäftsleitung zu vermitteln, dass KI eine langfristige Strategie ist und keine schnelle Lösung", berichtete die Leiterin der Preisgestaltung in internen Gesprächen.

Um dem zu begegnen, verfolgte das Implementierungsteam einen zweigleisigen Ansatz. Einerseits wurden „Quick Wins" erzielt, indem Preise für margenstarke, bislang unterbewertete Produkte gezielt angepasst wurden. Gleichzeitig wurden die Stakeholder über die schrittweise, aber tiefgreifende Wirkung von KI aufgeklärt und darauf hingewiesen, wie prädiktive Analysen die Preisstrategie für Tausende von Produkten optimieren würden.

Nach sechs Monaten lieferte das System stabile Ergebnisse: eine Steigerung der Bruttomarge um 3 % und eine Reduktion von Abschriften um 10 %. Die Unternehmensleitung erkannte den Nutzen, kurzfristige Maßnahmen mit einer langfristigen Vision zu verbinden, und das Projekt wurde zu einer Erfolgsgeschichte strategischer KI-Einführung. Die Erfahrung der Handelskette unterstreicht, wie wichtig es ist, kurzfristige Erfolge mit nachhaltigen Investitionen in KI-Fähigkeiten zu verknüpfen (Chen et al. 2021; Choudhury et al. 2022).

Der menschliche Faktor: Teams und Technologie verbinden

Obwohl technologische Herausforderungen bei der Einführung von KI oft im Vordergrund stehen, ist der menschliche Faktor ebenso entscheidend. Die Zusammenarbeit von Data Scientists, IT-Spezialisten, Pricing-Managern und Mitarbeitenden an der Front ist unerlässlich, damit KI-Systeme praxisnahe und umsetzbare Erkenntnisse liefern.

Ein B2B-Hardwarelieferant veranschaulicht diese Dynamik. In dem Bestreben, mit KI-gestützter Preisgestaltung größere Wettbewerber auszustechen, stieß das Unternehmen zunächst auf Schwierigkeiten, technische und geschäftliche Teams aufeinander abzustimmen. Das Data-Science-Team entwickelte einen fortschrittlichen Preisalgorithmus, doch das Vertriebsteam empfand die Empfehlungen als praxisfern. „Das System mag theoretisch sinnvoll sein", bemerkte ein Vertriebsmitarbeiter, „aber es entsprach nicht der Realität dessen, was unsere Kunden bereit waren zu zahlen."

Um diese Lücke zu schließen, organisierte der Hardwarelieferant funktionsübergreifende Workshops. In diesen Sitzungen arbeiteten Vertriebsmitarbeitende und Data Scientists gemeinsam an der Verfeinerung des Algorithmus. Die Vertriebsmitarbeitenden steuerten Erkenntnisse zu Preissensitivitäten verschiedener Kundensegmente bei, während die Data Scientists diese realen Nuancen in das Modell integrierten.

Diese Partnerschaft führte zu bemerkenswerten Ergebnissen. Innerhalb eines Jahres verbesserte das Unternehmen seine Erfolgsquote bei Wettbewerbsangeboten um 7 %. Neben den messbaren Erfolgen förderte der Prozess das Vertrauen und die Kommunikation zwischen den Teams und ebnete den Weg für künftige KI-Projekte (Mikalef et al. 2019; Heaton 2017).

Erkenntnisse und Lehren

Die wirksame Bewältigung der Herausforderungen KI-gestützter Preisgestaltung erfordert eine Kombination aus technischer Kompetenz und einem menschenzentrierten Ansatz. Erfolgreich sind jene Organisationen, die Hindernisse nicht umgehen, sondern ihnen mit Lernbereitschaft, Kooperation und Anpassungsfähigkeit begegnen.

Empathie als Erfolgsfaktor: Gehen Sie auf Ihre Teams ein und nehmen Sie deren Bedenken ernst, damit sie sich in den Prozess eingebunden fühlen. KI-Lösungen entfalten ihr Potenzial, wenn sie als kollaborative Werkzeuge und nicht als Ersatz für menschliche Expertise wahrgenommen werden (Davenport und Ronanki 2018).

Dateninfrastruktur als Fundament: Einheitliche, qualitativ hochwertige Daten sind entscheidend für den Erfolg von KI. Priorisieren Sie die Bereinigung und Organisation von Datensätzen, auch wenn dies erhebliche Zeit und Ressourcen erfordert (Heaton 2017; Choi et al. 2021).

Realistische Erwartungen setzen: Steuern Sie die Erwartungen der Stakeholder durch eine klare Kommunikation des KI-Prozesses. Heben Sie schnelle Erfolge hervor, um den unmittelbaren Nutzen zu zeigen, und betonen Sie zugleich das langfristige Optimierungspotenzial (Gans et al. 2018).

Funktionsübergreifende Zusammenarbeit fördern: Überwinden Sie Silos zwischen technischen Teams und Fachbereichen, um ein Umfeld zu schaffen, in dem unterschiedliche Perspektiven zu robusteren KI-Modellen beitragen (Mikalef et al. 2019).

Letztlich ist die Implementierung von KI nicht nur ein technologisches, sondern vor allem ein kulturelles Transformationsprojekt. Herausforderungen offen anzugehen und Vertrauen in der gesamten Organisation zu fördern, ermöglicht es Unternehmen, das Potenzial KI-gestützter Preisstrategien voll auszuschöpfen.

Ethische Überlegungen bei KI-gestützter Preisgestaltung

Die Integration von KI in Preisstrategien eröffnet Unternehmen bedeutende Chancen, indem sie eine Optimierung der Umsätze, verbesserte Margen und individuell zugeschnittene Kundenerlebnisse ermöglicht. Diese Vorteile gehen jedoch mit einer ebenso wichtigen Verpflichtung einher: KI-gestützte Preisgestaltung muss ethisch, transparent und fair umgesetzt werden. Preisentscheidungen sind mehr als mathematische Ergebnisse; sie sollten die Werte eines Unternehmens widerspiegeln und haben direkten Einfluss auf das Vertrauen und die Loyalität der Kunden (Binns 2018; Martin und Dholakia 2020).

Da KI zunehmend im Zentrum von Preisstrategien steht, ist die Auseinandersetzung mit ethischen Aspekten unausweichlich – nicht nur zur Einhaltung gesetzlicher Vorgaben, sondern auch zum Schutz der Markenreputation und zur Pflege von Kundenbeziehungen. Themen wie Fairness, Datenschutz und Transparenz rücken dabei in den Vordergrund. Eine gerechte Preisgestaltung, der Schutz sensibler Kundendaten und der Aufbau von Vertrauen durch klare Kommunikation sind entscheidend, um KI-gestützte Preissysteme sowohl mit Unternehmenszielen als auch mit gesellschaftlichen Erwartungen in Einklang zu bringen (Rieke et al. 2020; Gilpin et al. 2018).

Dieser Abschnitt beleuchtet diese Fragestellungen und bietet eine Grundlage, wie Unternehmen KI verantwortungsvoll einsetzen können, um Profitabilität und Fairness auszubalancieren und sicherzustellen, dass die Technologie sowohl den Unternehmenszielen als auch den Interessen der Kunden dient.

Fairness gewährleisten und Preisdiskriminierung vermeiden

Stellen Sie sich folgendes Szenario vor: Sie suchen online nach einem Flug, und der Ticketpreis steigt unerwartet, nachdem Sie die Website einige

Stunden später erneut besuchen. Aus Frust wechseln Sie in den Inkognito-Modus oder nutzen einen anderen Browser – und plötzlich erscheint wieder der ursprüngliche, niedrigere Preis. Natürlich fragen Sie sich, ob das System Sie anhand Ihres Surfverhaltens profiliert.

Genau mit diesem Dilemma wurde Monica, Revenue Managerin bei einer mittelgroßen Reiseplattform, konfrontiert, nachdem ihr Unternehmen ein KI-gestütztes dynamisches Preissystem eingeführt hatte. Der Algorithmus war darauf ausgelegt, Ticketpreise anhand von Echtzeit-Nachfragedaten, geografischer Lage und Surfverhalten anzupassen. Zunächst schien das System gut zu funktionieren, doch schon bald häuften sich Kundenbeschwerden.

Ein verärgerter Reisender schrieb: „Mein Freund und ich haben nebeneinander nach demselben Flug gesucht, aber sein Ticket war 50 Dollar günstiger. Warum dieser Unterschied?" Ein anderer warf dem Unternehmen vor, Preise unfair nach Postleitzahlen zu gestalten, und fragte: „Werden wohlhabendere Gegenden stärker zur Kasse gebeten?"

Monica und ihr Team erkannten, dass das KI-Modell zwar technisch ausgereift war, aber unbeabsichtigt Ergebnisse erzeugte, die von den Kunden als unfair wahrgenommen wurden. Angesichts des Risikos für das Kundenvertrauen und die Markenreputation legten sie die Einführung vorübergehend auf Eis. Externe Ethikberater wurden beauftragt, den Algorithmus zu prüfen, was zur Entfernung sensibler Variablen wie geografischer Standort und verwendete Endgeräte führte, die zu diskriminierenden Preismustern beitragen konnten.

Die Frage der Fairness bei KI-gestützter Preisgestaltung ist Gegenstand wissenschaftlicher Forschung. Martin und Dholakia (2020) betonen, dass Preisalgorithmen mit den Erwartungen der Kunden in Einklang stehen müssen, um Vertrauen zu fördern. Ihre Arbeit kommt zu dem Schluss, dass Fairness nicht nur eine technische Anforderung, sondern eine geschäftliche Notwendigkeit ist. Algorithmische Entscheidungen sollten Kunden nicht aufgrund von Faktoren benachteiligen, die sie nicht beeinflussen können, wie Standort oder demografische Daten. Stattdessen sollte KI-gestützte Preisgestaltung auf Gerechtigkeit ausgerichtet sein, sodass alle Kunden eine faire Erfahrung machen.

Auch wenn mathematische Optimierung die Profitabilität steigern kann, muss sie mit ethischen Überlegungen in Einklang gebracht werden, um langfristige Kundenloyalität zu fördern. Unternehmen, die Fairness in den Mittelpunkt ihrer KI-Preisstrategien stellen, erzielen nicht nur nachhaltiges Wachstum, sondern stärken auch das Vertrauen und die Bindung ihrer Kunden (Martin und Dholakia 2020; Rieke et al. 2020).

Datenschutz und Einhaltung gesetzlicher Vorgaben

KI-gestützte Preisgestaltung lebt von der Nutzung großer Datenmengen, um Einblicke und Personalisierung zu ermöglichen. Angesichts zunehmender globaler Aufmerksamkeit und verschärfter Datenschutzvorschriften müssen Unternehmen jedoch mit Bedacht vorgehen. Der unsachgemäße Umgang mit Kundendaten birgt nicht nur das Risiko, Datenschutzgesetze zu verletzen, sondern kann auch das Vertrauen der Verbraucher untergraben – ein entscheidender Faktor für nachhaltigen Erfolg.

Ein Online-Modehändler musste diese Lektion auf die harte Tour lernen. Das deutsche Unternehmen implementierte ein KI-basiertes Preissystem, das eine Kombination aus Kundenverhalten, Kaufhistorie und Social-Media-Aktivitäten analysierte, um personalisierte Rabatte zu generieren. Zunächst stieg die Konversionsrate und der Umsatz nahm zu. Doch ein investigativer Bericht eines Journalisten deckte auf, dass der Händler Drittanbieterdaten bezog, ohne die Kunden klar darüber zu informieren. Die Reaktion ließ nicht lange auf sich warten: Es hagelte Vorwürfe wegen invasiver Praktiken. Die Aufsichtsbehörden leiteten eine Untersuchung ein und verwiesen auf mögliche Verstöße gegen Datenschutzgesetze wie die Datenschutz-Grundverordnung (DSGVO) und den California Consumer Privacy Act (CCPA).

Dieser Fall verdeutlicht die wachsende Spannung zwischen Innovation und ethischer Verantwortung bei KI-gestützter Preisgestaltung. Acquisti et al. (2016) betonen, dass Unternehmen ethische Datenpraktiken ebenso priorisieren müssen wie technologische Fortschritte – insbesondere in einer Zeit erhöhter Verbraucheraufmerksamkeit und strengerer Datenschutzvorgaben.

Als Reaktion auf die Kontroverse überarbeitete der betroffene Händler seine Datenrichtlinien grundlegend. Das Unternehmen führte Transparenzmaßnahmen ein, etwa die Möglichkeit für Kunden, die zur Preisgestaltung verwendeten Daten einzusehen und zu verwalten. Zudem wurde den Kunden die Option eingeräumt, personalisierte Preise vollständig abzulehnen. In Zusammenarbeit mit einer Compliance-Beratung wurde sichergestellt, dass die Praktiken den sich wandelnden globalen Standards entsprachen.

Diese Erfahrung unterstreicht die Bedeutung proaktiver Transparenz und Compliance bei KI-gestützten Preissystemen. Kunden sind bereit, ihre Daten zu teilen – aber nur, wenn sie sicher sein können, dass diese verantwortungsvoll und ethisch behandelt werden. Unternehmen müssen einen sorgfältigen Ausgleich zwischen der Nutzung von Daten für Innovation und dem Schutz der Privatsphäre der Verbraucher finden, um Vertrauen zu schaffen und regulatorische Fallstricke zu vermeiden (Acquisti et al. 2016; Voigt und Von dem Bussche 2017).

Vertrauen durch Transparenz gegenüber Kunden schaffen

Transparenz ist grundlegend für den Aufbau von Vertrauen, insbesondere bei der Einführung KI-gestützter Preisstrategien. Kunden akzeptieren und schätzen dynamische Preise eher, wenn sie die dahinterstehende Logik verstehen und diese als fair empfinden.

Ein Beispiel liefert ein Boutique-Hotel in Spanien, das ein KI-basiertes dynamisches Preissystem zur Steuerung der Zimmerpreise einführte. Anfangs waren die Gäste durch die häufigen, teils stündlichen Preisschwankungen verwirrt, was zu Beschwerden und negativen Bewertungen führte, in denen dem Hotel Inkonsequenz und übermäßige Gewinnorientierung vorgeworfen wurde.

Adrian, der Hotelmanager, entschied sich für einen transparenteren Ansatz. Er ergänzte die Zimmerpreise auf der Hotelwebsite um einen Hinweis: „Unsere Preise passen sich in Echtzeit der Nachfrage an und sichern so allen Gästen einen fairen Wert. Wer früh bucht, erhält garantiert den besten Preis." Diese einfache Botschaft erklärte nicht nur das dynamische Preissystem, sondern erzeugte auch einen Anreiz zur frühzeitigen Buchung.

Adrian sorgte zudem dafür, dass sein Team gut darauf vorbereitet war, Kundenfragen zu beantworten. Die Mitarbeitenden wurden regelmäßig geschult, um interessierten oder frustrierten Gästen die Vorteile des Systems zu erläutern. Wenn sich beispielsweise ein Last-Minute-Bucher über höhere Preise beschwerte, erklärte die Rezeptionistin: „Unsere Richtlinie stellt sicher, dass Frühbucher die besten Angebote erhalten und wir Leerstände minimieren. Das ist transparent und für alle Gäste fair."

Dieser Ansatz steht im Einklang mit der Aussage von Tene und Polonetsky (2013), dass klare Kommunikation über algorithmische Entscheidungen Vertrauen und Akzeptanz fördert. Transparenz hilft, die Rolle der KI bei Preisentscheidungen zu entmystifizieren, sodass sich Kunden informiert und nicht manipuliert fühlen. Auch die Forschung von Acquisti et al. (2015) bestätigt, dass sichtbare und verständliche Richtlinien zum Technologieeinsatz das Vertrauen und die Bindung der Kunden stärken.

Die Strategie des Hotels zahlte sich aus. Die Gäste begannen, die Klarheit und Fairness des Systems zu schätzen, was sich in verbesserten Bewertungen widerspiegelte. Einige empfahlen das Hotel sogar wegen seines ehrlichen und offenen Umgangs weiter – anfängliche Skepsis verwandelte sich in Loyalität. Dieser Fall zeigt, dass Transparenz nicht nur Bedenken ausräumt, sondern auch die Kundenzufriedenheit und -bindung steigert.

Ein sensibles Gleichgewicht

Ethik in der KI-gestützten Preisgestaltung bedeutet nicht, auf Profitabilität zu verzichten, sondern ein Gleichgewicht zwischen Unternehmenszielen und Kundenvertrauen zu schaffen. Unternehmen, die ethische Überlegungen in ihre Preisstrategien integrieren, erzielen häufig bessere langfristige Ergebnisse. Ethische Preispraktiken, die auf Fairness, Transparenz und Datenschutz basieren, fördern Kundenloyalität, senken die Abwanderungsrate und stärken die Markenreputation (Acquisti et al. 2015; Tene und Polonetsky 2013).

Der Fokus sollte über kurzfristige finanzielle Gewinne hinausgehen. Wie die zuvor diskutierten Beispiele zeigen, mindert die Priorisierung von Fairness und Offenheit bei der Preisgestaltung nicht nur ethische Risiken, sondern fördert auch nachhaltiges Wachstum. Wenn Organisationen KI-gestützte Preisgestaltung mit ihren grundlegenden Werten in Einklang bringen, schaffen sie dauerhaften Mehrwert – für sich selbst und ihre Kunden (Acquisti et al. 2015).

KI-gestützte Preisgestaltung bietet enorme Chancen. Mit größeren Chancen gehen jedoch auch größere Verantwortlichkeiten einher. Unternehmen müssen Fairness bei Preisentscheidungen ernst nehmen, Kundendaten schützen und Transparenz wahren, um Vertrauen zu erhalten. Diese Maßnahmen sind nicht nur ethische Gebote, sondern strategische Investitionen. Durch die Implementierung von KI im Einklang mit den Unternehmenswerten können Organisationen über die reine Umsatzoptimierung hinausgehen und bedeutungsvolle, langfristige Kundenbeziehungen aufbauen (Martin und Dholakia 2020).

Literatur

Acquisti A, Brandimarte L, Loewenstein G (2015) Privacy and human behavior in the age of information. Science 347(6221):509–514. https://doi.org/10.1126/science.aaa1465

Acquisti A, Taylor C, Wagman L (2016) The economics of privacy. J Econ Lit 54(2):442–492

Bertsimas D, Kallus N (2020) From predictive to prescriptive analytics. Manag Sci 66(3):1–23. https://doi.org/10.1287/mnsc.2019.3531

Binns A (2018) Responsible AI: a framework for building trust in your AI solutions. Deloitte Insights. Retrieved from https://www2.deloitte.com/content/dam/insights/us/articles/4514_AI-ethics/4514_AIEthics.pdf

Brynjolfsson E, McAfee A (2014) The second machine age: work, progress, and prosperity in a time of brilliant technologies. W.W. Norton & Company

Chen Y, Zhang C, Goh M (2021) Data integration in AI systems: insights from cloud-based platforms. J Bus Intell 34(2):45–59

Choi E, Schuetz A, Safavi M (2021) Data privacy and the future of AI-enabled business intelligence: a study of synthetic data generation. J Bus Anal 9(3):165–179. https://doi.org/10.1016/j.jba.2021.02.005

Choudhury M, Bharadwaj A, Bhatnagar S (2022) Consumer behavior in digital ecosystems: implications for pricing and demand forecasting. J Market Sci 40(1):78–92

Chui M, Manyika J, Miremadi M (2021) The state of AI in 2021. McKinsey & Company. Retrieved from https://www.mckinsey.com

Davenport TH, Ronanki R (2018) Artificial intelligence for the real world. Harv Bus Rev 96(1):108–116

Gans J, Goldfarb A, Agrawal A (2018) Prediction machines: the simple economics of artificial intelligence. Harvard Business Review Press

Gilpin LH, Bau D, Yuan BZ, Melamed T (2018) Explaining explanations: an overview of interpretability of machine learning. Proceedings of the 2018 CHI conference on human factors in computing systems, 1–11. https://doi.org/10.1145/3173574.3173578

Hagel J (2020) The collaboration imperative: unlocking AI's potential in business strategy. Harv Bus Rev 98(2):34–45

Heaton J (2017) Machine learning for business professionals. O'Reilly Media

Kumar A, Shah D (2021) Global pricing strategies: the challenges of customization in diverse markets. J Int Bus Strat 15(3):56–72

Lee S (2019) Adapting AI pricing models to regional market nuances: best practices for global scaling. Int J Pricing Strat 10(4):22–35

Martin KD, Dholakia UM (2020) Algorithmic bias in pricing: perceived fairness and customer trust. J Market Sci 48(3):490–505

McKinsey & Company (2023) How leaders can drive successful AI transformations. Retrieved from https://www.mckinsey.com

Mikalef P, Krogstie J, Pappas IO, Pavlou PA (2019) Agile and lean methodologies in IT governance: an empirical investigation of their application to AI solutions. Inf Manag 56(7):103126. https://doi.org/10.1016/j.im.2019.03.005

Rieke N, Hancox J, Li W, Milletari F, Roth HR, Albarqouni S, Cardoso MJ (2020) The future of federated learning in healthcare AI. Nat Mach Intell 2(6):337–340

Shankar V, Bolton RN (2021) AI and the future of dynamic pricing. J Mark 85(1):34–50

Smith J, Anderson R (2021) Leveraging AI for pricing optimization: a case study of subscription-based pricing models. J Bus Strateg 42(4):60–71

Smith K, Roberts P, Lee M (2022) Real-time AI in retail pricing: challenges and opportunities. Int J Pricing Sci 18(2):112–127

Tene O, Polonetsky J (2013) Big data for all: privacy and user control in the age of analytics. Northwest J Technol Intellect Prop 11(5):239–273

The Alan Turing Institute. (2023). Generative AI for consumer insights and market analysis. Retrieved from https://www.turing.ac.uk

Voigt P, Von dem Bussche A (2017) The EU General Data Protection Regulation (GDPR): a practical guide. Springer International Publishing

5

Die Zukunft der KI-gestützten Preisgestaltung

Einleitung

Die Integration von KI in die Preisgestaltung ist kein vorübergehender Trend. Sie stellt eine grundlegende Transformation dar, die die Art und Weise, wie Unternehmen Strategien entwickeln und im Wettbewerb agieren, neu gestaltet. Preisentscheidungen, die früher auf historischen Daten und manuellen Anpassungen basierten, werden heute von Systemen unterstützt, die in der Lage sind, in Echtzeit vorherzusagen, sich anzupassen und weiterzuentwickeln. Diese Entwicklung positioniert die Preisgestaltung als strategischen Hebel, der Kundenbeziehungen, Profitabilität und Marktpositionierung beeinflusst (Brynjolfsson und McAfee 2017; Martin und Dholakia 2020).

Doch die Zukunft der KI in der Preisgestaltung geht über technologische Fortschritte hinaus. Sie wirft auch entscheidende Fragen hinsichtlich der sich verändernden Rollen von Preisexperten und der Anpassungsfähigkeit von Organisationen an diese Veränderungen auf. Werden Preisteams KI nutzen, um zu zentralen Treibern der Strategie zu werden, oder laufen sie Gefahr, von autonomen Systemen verdrängt zu werden? Darüber hinaus stellt sich die Frage, ob KI Transparenz und Fairness in der Preisgestaltung fördern kann oder ob sie ethische Bedenken und Ungleichheiten verschärft (Acquisti et al. 2015; Tene und Polonetsky 2013a).

Dieses Kapitel beleuchtet die aufkommenden Trends, die die KI-gestützte Preisgestaltung prägen – von der Entwicklung autonomer Preissysteme bis hin zur potenziellen Integration von Blockchain für mehr Preistransparenz. Über die Technologie hinaus werde ich untersuchen, wie Preisexperten diese Fortschritte nutzen können, um sich von operativen Aufgaben zu lösen und sich als strategische Führungskräfte zu positionieren.

Angesichts dieser Trends und Chancen entwickelt sich KI in der Preisgestaltung zunehmend zu einer transformativen Kraft, die die Wahrnehmung und Wertschöpfung von Unternehmen neu definiert. Die Herausforderung besteht nicht nur darin, diese Innovationen zu übernehmen, sondern auch darin, bei deren verantwortungsvoller und effektiver Anwendung eine Vorreiterrolle einzunehmen.

Die Zukunft der KI-gestützten Preisgestaltung entwickelt sich rasant und bietet sowohl Chancen als auch Herausforderungen. Während wir uns in diesem neuen Umfeld bewegen, haben Preisexperten die Möglichkeit, dessen Entwicklung aktiv mitzugestalten und sicherzustellen, dass KI nicht nur die Profitabilität, sondern auch Gerechtigkeit und Innovation in einer sich ständig wandelnden Geschäftswelt vorantreibt.

Trends, die die Zukunft prägen

Die Entwicklung der KI im Pricing beschleunigt sich unübersehbar und wandelt sich von einem neuartigen Wettbewerbsvorteil zu einer grundlegenden Fähigkeit, auf die Unternehmen nicht mehr verzichten können. Die Zukunft von Preisstrategien wird von tiefgreifenden technologischen Fortschritten und umfassenden Veränderungen in der Herangehensweise von Unternehmen an Wertschöpfung geprägt sein. Aufkommende Trends deuten auf einen Wandel hin zu Preissystemen, die nicht nur dynamisch und datengetrieben, sondern auch adaptiv, vernetzt und auf die sich rasant verändernden Kundenerwartungen ausgerichtet sind (Brynjolfsson und McAfee 2017; Martin und Dholakia 2020).

Diese Trends bestätigen eine Entwicklung hin zu Echtzeit-Preismodellen, die durch fortschrittliche Machine-Learning-Algorithmen ermöglicht werden, eine stärkere Integration in umfassende digitale Ökosysteme sowie die Einführung kundenorientierter Ansätze, die sowohl Personalisierung als auch Fairness gewährleisten. Während Unternehmen sich weiterhin auf diese Innovationen einstellen, wird das Pricing eine entscheidende Rolle bei der Gestaltung von Wettbewerbslandschaften und der Förderung nachhaltigen Unternehmenswachstums spielen (Tene und Polonetsky 2013b; Chui et al. 2021).

Autonome Systeme und KI-Agenten: Entscheidungsfindung in Echtzeit auf neuem Niveau

Autonome Systeme, die durch fortschrittliches Reinforcement Learning, maschinelles Lernen und Echtzeit-Datenanalyse angetrieben werden, transformieren Preisstrategien grundlegend. Diese Systeme passen Preise dynamisch an, indem sie kontinuierlich Variablen wie Nachfrageschwankungen, Wettbewerbsaktivitäten und externe Marktbedingungen analysieren. Ihre adaptive Natur ermöglicht es Unternehmen, datenbasierte Entscheidungen in bisher unerreichter Geschwindigkeit und Skalierung umzusetzen (Brynjolfsson und McAfee 2017).

Im Zentrum dieser autonomen Systeme stehen KI-Agenten, also hochentwickelte Entscheidungsträger, die mit minimalem menschlichem Eingreifen agieren. Im Gegensatz zu traditionellen Pricing-Tools, die stark auf statische Regeln oder manuelle Anpassungen angewiesen sind, nutzen KI-Agenten Reinforcement Learning, um mit ihrer Umgebung zu interagieren und ihre Ergebnisse im Zeitverlauf zu verbessern. Diese Fähigkeit ermöglicht eine kontinuierliche Optimierung von Preisstrategien, das Ergreifen kurzfristiger Marktchancen und eine effektive Risikominderung.

Große E-Commerce-Plattformen setzen KI-Agenten ein, um Tausende von SKUs zu analysieren und dabei Variablen wie das Kaufverhalten der Kunden, Wettbewerberpreise und saisonale Trends zu berücksichtigen, um optimale Preise zu empfehlen oder direkt umzusetzen. Solche Systeme haben nachweislich die Effizienz und Umsatzgenerierung deutlich verbessert, indem sie die Abhängigkeit von manuellen Preisprozessen verringern (Talluri und van Ryzin 2004). Ebenso passen im Ride-Hailing-Sektor KI-Agenten Fahrpreise dynamisch an Nachfragespitzen in Echtzeit an und balancieren so Profitabilität mit Fahrer- und Kundenzufriedenheit.

Jüngste Fortschritte haben diese Systeme weiter verbessert. Moderne KI-Agenten integrieren multimodale Datenquellen, wie etwa georäumliche Analysen und sogar aus sozialen Medien extrahierte Kundenstimmungen, was ein tieferes Verständnis der Marktdynamik ermöglicht. Sie nutzen erklärbare KI (XAI), um ihre Entscheidungsprozesse transparent zu machen und so das Vertrauen der Stakeholder zu stärken (Gunning und Aha 2019).

Trotz ihrer Leistungsfähigkeit werfen KI-Agenten Fragen hinsichtlich Transparenz und Fairness auf. Kunden könnten Preisänderungen als willkürlich oder ausbeuterisch empfinden, wenn die Gründe für solche Anpassungen undurchsichtig bleiben. Um diesen Bedenken zu begegnen, setzen Unternehmen auf Strategien zur Steigerung der Transparenz. Visuelle Tools und erklärende Mechanismen, wie die Darstellung, wie Nachfrage- und Angebotsdynamiken die Preisbildung beeinflussen, haben sich als wirksam für den Aufbau von Kundenvertrauen erwiesen. So zeigen Ride-Hailing-Plattformen häufig Preisaufschlüsselungen oder Fahrpreisrechner an, die es Kunden ermöglichen, Preisvariationen nachzuvollziehen (Wirtz et al. 2022a, b). Darüber hinaus gewinnen ethische Überlegungen an Bedeutung, indem Unternehmen Fairness und Inklusivität in ihren KI-basierten Preisstrategien priorisieren (Floridi et al. 2018).

Es ist zu erwarten, dass KI-Agenten in den kommenden Jahren noch leistungsfähiger werden. Neue Technologien wie die Generierung synthetischer Daten und föderiertes Lernen ermöglichen es diesen Systemen, aus vielfältigen, dezentralen Datensätzen zu lernen, ohne die Privatsphäre zu gefährden. Zudem erlauben Fortschritte im Edge Computing, Preisentscheidungen in Echtzeit näher am Ort der Transaktion zu treffen, wodurch Latenzzeiten reduziert und die Reaktionsfähigkeit verbessert werden.

Darüber hinaus werden KI-Agenten zunehmend auf die Werte von Organisationen und die Erwartungen der Kunden zugeschnitten. Dies beinhaltet die Integration ethischer Prinzipien in ihre Entwicklung und ihren Betrieb, um sicherzustellen, dass Preisstrategien fair und nicht diskriminierend bleiben (Chui et al. 2021). Unternehmen, denen es gelingt, Effizienz, Transparenz und Fairness in Einklang zu bringen, werden am besten in der Lage sein, das volle Potenzial autonomer Preissysteme auszuschöpfen.

Green AI: Nachhaltigkeit und Pricing integrieren

Green AI entwickelt sich rasant zu einem zentralen Element moderner Preisstrategien, insbesondere da Unternehmen zunehmend unter Druck stehen, ihre Umweltbelastung zu reduzieren. Dieser Ansatz zielt nicht nur auf Gewinnsteigerung ab, sondern betont die Integration von Nachhaltigkeit in die Kernprozesse des Unternehmens, wobei KI eine entscheidende Rolle bei der Entwicklung von Preisentscheidungen spielt, die umweltfreundliche Praktiken fördern. Durch den Einsatz von KI optimieren Unternehmen ihre Lieferketten, verbessern die Energieeffizienz und reduzieren Abfall, was alles zu nachhaltigeren Praktiken beiträgt (Cohen et al. 2021).

So hat beispielsweise ein europäischer Lebensmitteleinzelhändler KI-gestützte Lösungen eingeführt, um Rabatte auf verderbliche Waren kurz vor Ablauf des Haltbarkeitsdatums anzupassen. Diese Maßnahme führte zu einer Reduzierung der Lebensmittelverschwendung um 30 % und einer Verbesserung der Gewinnmargen um 10 % (Europäische Kommission 2023).

Diese KI-basierten Preismodelle minimierten nicht nur die Menge unverkaufter Waren, sondern sorgten auch dafür, dass die Preisgestaltung den tatsächlichen Wert von Produkten am Ende ihrer Lebensdauer widerspiegelte. Dies ist ein anschauliches Beispiel dafür, wie Green AI Nachhaltigkeit und Profitabilität effektiv vereinen kann, indem Unternehmen in Echtzeit Abfall reduzieren und den Ressourceneinsatz optimieren (PwC 2023).

Der wachsende Trend zu Green AI spiegelt auch einen Wandel in den Verbraucherpräferenzen wider. Eine aktuelle Studie von PwC (2023) ergab, dass 57 % der Konsumenten umweltfreundliche Produkte bevorzugen, was zeigt, dass Nachhaltigkeit zu einem zentralen Kriterium bei Kaufentscheidungen wird. Für Unternehmen eröffnet dieser Trend die Möglichkeit, durch die Integration von Nachhaltigkeit in Preisstrategien engere Kundenbindungen aufzubauen und die Kundentreue zu stärken (Chui et al. 2021).

Die Einführung von Green AI trägt auch zu globalen Nachhaltigkeitsinitiativen bei. Experten wie Cohen et al. (2021) heben hervor, wie KI den Ressourcenverbrauch optimieren und den Energieeinsatz in Branchen wie Fertigung und Einzelhandel senken kann. So werden KI-Systeme zunehmend eingesetzt, um Energiepreise dynamisch an den aktuellen Bedarf und die Netzbedingungen anzupassen und so eine nachhaltigere Energieverteilung zu ermöglichen (Cohen et al. 2021). Mit dem Fortschritt der KI-Technologie wird ihre Rolle in nachhaltigen Preisstrategien weiter wachsen und Unternehmen die Chance bieten, sowohl ihre Wirtschaftlichkeit als auch ihre Umweltbilanz zu verbessern.

Daher müssen Unternehmen technologische Fortschritte mit den gesellschaftlichen Erwartungen an Nachhaltigkeit in Einklang bringen. Die Zukunft des Pricings wird nicht nur darin bestehen, den richtigen Preis für Produkte zu bestimmen, sondern auch die Umweltwirkungen dieser Produkte zu berücksichtigen und Nachhaltigkeit ins Zentrum der Preisstrategien zu stellen (Brynjolfsson und McAfee 2017).

Ökosystem-Pricing: Der dynamische Marktplatz

Ökosystem-Pricing, bei dem Preisentscheidungen durch vernetzte Systeme über verschiedene Sektoren hinweg beeinflusst werden, wird zunehmend als leistungsfähiges Modell anerkannt. In Smart Cities können beispielsweise KI-gestützte Systeme mit der Verwaltung von Parkplätzen, Abfallentsorgung oder Luftqualität betraut werden und Preise in Echtzeit anpassen – etwa basierend auf lokalen Ereignissen oder Verkehrsbedingungen. Dieser vernetzte Ansatz steigert nicht nur die operative Effizienz, sondern verbessert auch das

Kundenerlebnis, indem die Preisgestaltung an die aktuelle Nachfrage und Umweltfaktoren angepasst wird.

Auch im Energiesektor hat das dynamische Pricing große Fortschritte gemacht. Intelligente Zähler in Kombination mit KI-Algorithmen ermöglichen es Versorgern, Strompreise flexibel an Nachfrageschwankungen oder Wetteränderungen anzupassen. Dieses Preismodell bietet Verbrauchern günstigere Tarife in Nebenzeiten und optimiert gleichzeitig die Energieverteilung (Smart Energy International 2023). Ähnlich nutzen Branchen wie Ride-Hailing und Luftfahrt KI, um Preise in Abhängigkeit von externen Variablen wie Wetterlagen anzupassen und so Umsatzmaximierung mit wettbewerbsfähigen Preisstrategien zu verbinden.

Diese Entwicklungen verdeutlichen den Übergang von statischen Preismodellen zu vernetzten Echtzeitsystemen, in denen zahlreiche externe Einflüsse die Preisentscheidungen steuern. Ökosystem-Pricing zeigt das Potenzial von KI, flexible und adaptive Preisstrategien zu schaffen, die sowohl Konsumenten als auch Unternehmen Mehrwert bieten und gleichzeitig Effizienz und Reaktionsfähigkeit am Markt fördern.

Sicherheits- und ethische Aspekte im KI-gestützten Pricing

Da KI-Systeme sensible Kunden- und Transaktionsdaten verarbeiten, hat die Gewährleistung robuster Sicherheit höchste Priorität. Immer mehr Unternehmen setzen Cybersecurity-Tools ein, um ihre Pricing-Plattformen vor potenziellen Angriffen zu schützen. So nutzte beispielsweise ein Logistikunternehmen Anomalieerkennungs-Algorithmen, um sein Frachtpreissystem zu überwachen und zu schützen, wodurch ungewöhnliche Aktivitäten erkannt und unbefugter Zugriff verhindert werden konnten (ShipScience 2023).

Neben der Sicherheit stehen ethische Überlegungen im Mittelpunkt KI-gestützter Preisstrategien. Transparente, faire und unvoreingenommene Preisgestaltung sorgt nicht nur für Compliance, sondern fördert auch Vertrauen und langfristige Kundenbindung. Tene und Polonetsky (2013a) argumentieren, dass Unternehmen, die Fairness und Erklärbarkeit in ihren KI-Modellen in den Vordergrund stellen, Reputationsrisiken minimieren und sich für nachhaltiges Wachstum positionieren.

Ein Ausblick

Die aktuellen Trends im Bereich KI und Pricing verändern die Wahrnehmung von Wert, Kundenbeziehungen und Transparenz in Unternehmen grundlegend. Neue Technologien wie autonome Systeme und Blockchain steigern die Effizienz und schaffen Vertrauen, während Fortschritte in KI-Modellen es Unternehmen ermöglichen, ein bislang unerreichtes Maß an Präzision und Kreativität in ihren Preisstrategien zu erreichen. Darüber hinaus fördert die Entwicklung des Ökosystem-Pricings eine stärkere branchenübergreifende Zusammenarbeit, überwindet traditionelle Silos und treibt dynamischere und reaktionsfähigere Preispraktiken voran.

Während sich diese Innovationen weiter entfalten, prägen sie nicht nur die Zukunft des Pricings, sondern definieren auch neu, was es bedeutet, in einem sich rasant wandelnden Umfeld unternehmerisch führend zu sein.

Eine Vision für Pricing-Professionals

Da künstliche Intelligenz das Feld des Pricings zunehmend prägt, beschleunigt sie nicht nur die Prozesse hinter Preisentscheidungen, sondern definiert auch die Rollen derjenigen neu, die diese Entscheidungen vorantreiben. Pricing-Professionals sollten sich von reinen Verwaltern von Zahlen zu strategischen Architekten, Innovatoren und Kommunikatoren von Wert entwickeln. Dieser Rollenwandel bietet Pricing-Teams die Chance, eine bedeutendere und einflussreichere Position innerhalb ihrer Organisationen einzunehmen. Indem sie diese Veränderungen annehmen, können sie die Führung bei der Umsetzung intelligenter, datenbasierter Entscheidungen übernehmen, die die Unternehmensleistung und Kundenzufriedenheit effektiv steigern (Brynjolfsson und McAfee 2017; Chui et al. 2020). Mit dem weiteren Fortschritt von KI werden Pricing-Professionals in Positionen gelangen, die nicht nur analytische Fähigkeiten, sondern auch die Fähigkeit erfordern, strategisches Wachstum zu fördern und eine Kultur kontinuierlicher Innovation zu etablieren.

Wie KI die Rolle von Pricing-Teams verändert

Früher arbeiteten Pricing-Teams oft isoliert und beschränkten sich auf Tabellenkalkulationen und Kostenblätter, um Preise auf Basis vergangener

Leistungen anzupassen. Sie reagierten typischerweise erst auf Marktveränderungen, nachdem diese bereits eingetreten waren, und leisteten wenig vorausschauenden oder strategischen Beitrag. Die Integration von künstlicher Intelligenz hat diesen reaktiven Ansatz jedoch grundlegend verändert und Pricing zu einer proaktiven und dynamischen Funktion erhoben.

Ein bemerkenswertes Beispiel für diesen Wandel zeigte sich bei einem globalen Automobilzulieferer, wo das Pricing-Team von einem Modell der historischen Analyse zu einem Modell überging, das auf die Prognose zukünftiger Chancen ausgerichtet war. Mithilfe KI-gestützter Modelle konnte das Team nun vorhersagen, wie sich Preisänderungen Monate im Voraus auf das Kundenverhalten auswirken würden. Dadurch konnten sie über die Frage „Welcher Preis hat im letzten Jahr funktioniert?" hinausgehen und stattdessen überlegen: „Welcher Preis wird im kommenden Jahr Wachstum generieren?"

Eine solche Transformation erfordert neue Kompetenzen. Pricing-Professionals müssen nicht nur in der Lage sein, KI-generierte Erkenntnisse zu interpretieren, sondern diese auch effektiv in der gesamten Organisation zu kommunizieren. Zudem ist es essenziell, Pricing-Strategien mit den übergeordneten Unternehmenszielen abzustimmen. Wie Hinterhuber und Liozu (2013) betonen, müssen Pricing-Leader sich zu „Wertarchitekten" entwickeln, die technisches Know-how mit strategischer Vision verbinden, um den Unternehmenserfolg voranzutreiben (Kumar und Shah 2021).

Der Wandel vom taktischen Pricing zur strategischen Führung

Eine der spannendsten Entwicklungen im KI-gestützten Pricing ist, wie sie Pricing-Professionals dazu befähigt, strategische Führungsrollen zu übernehmen. Durch die Automatisierung routinemäßiger Aufgaben wie Datenanalyse und Preisjustierungen ermöglicht KI den Teams, sich auf höherwertige, strategischere Fragestellungen zu konzentrieren, wie zum Beispiel:

- Wie können wir sicherstellen, dass unsere Pricing-Strategie mit den langfristigen Unternehmenszielen übereinstimmt?
- Welche neuen Marktchancen können wir durch prädiktive Erkenntnisse erschließen?
- Wie kann Pricing zu einem Instrument werden, um Kundenloyalität zu fördern und die Markenpositionierung zu stärken?

Ein Beispiel hierfür ist ein SaaS-Unternehmen, das KI einsetzte, um seine Abonnement-Preisstrategie zu verbessern. Vor der Implementierung von KI war das Pricing-Team mit der Verwaltung von Aktionsrabatten und der Bearbeitung von Eskalationen aus dem Vertrieb ausgelastet. Nach der Einführung von KI hatte das Team mehr Kapazitäten, um mit Marketing- und Produktteams zusammenzuarbeiten. Gemeinsam entwickelten sie eine wertbasierte Preisstrategie und passten Abonnementpakete an verschiedene Kundensegmente an. Diese Zusammenarbeit führte zu einer Steigerung des durchschnittlichen Umsatzes pro Nutzer um 20 %.

Dieser Trend unterstreicht die wachsende Rolle von Pricing-Professionals als zentrale Mitgestalter strategischer Entscheidungen. Wie Phillips (2005) feststellt, geht es beim Pricing längst nicht mehr nur um Zahlen, sondern vielmehr darum, Wert zu schaffen und zu kommunizieren. Durch die Integration von Pricing-Strategien mit anderen Abteilungen werden Pricing-Professionals zu entscheidenden Akteuren, die den Wettbewerbsvorteil und den langfristigen Erfolg eines Unternehmens maßgeblich beeinflussen.

KI als Enabler, nicht als Ersatz

Obwohl KI leistungsstarke Möglichkeiten bietet, ist es wichtig zu erkennen, dass sie nicht dazu gedacht ist, menschliches Urteilsvermögen zu ersetzen, sondern es zu ergänzen. Die effektivsten Preisentscheidungen beruhen weiterhin auf Faktoren wie Kontext, Kreativität und Empathie – Eigenschaften, die KI bislang nicht nachbilden kann.

So nutzte beispielsweise ein E-Commerce-Unternehmen KI, um das Kaufverhalten der Kunden zu analysieren und empfahl Preiserhöhungen für beliebte Produkte. Obwohl die Daten diese Vorschläge stützten, erkannte das Pricing-Team, dass der Zeitpunkt der Preiserhöhungen mit einem wichtigen Feiertag zusammenfiel. Sie befürchteten, dass Preiserhöhungen während einer Festzeit als Gewinnmaximierung wahrgenommen werden könnten. Stattdessen entschied sich das Team für moderatere Preisanpassungen, ergänzt durch Mehrwertaktionen wie Bundle-Angebote und Treueprämien, um das Kundenvertrauen zu erhalten.

Wie Bertsimas und Kallus (2020) argumentieren, können prädiktive Analysen wertvolle Hinweise liefern, doch die endgültige Entscheidung sollte stets die Feinheiten menschlichen Verhaltens und kultureller Kontexte berücksichtigen. Mit anderen Worten: KI sollte menschliche Entscheidungen unterstützen, nicht ersetzen.

Die Chance, die vor uns liegt

Das Aufkommen von KI mindert nicht die Bedeutung von Pricing-Professionals – im Gegenteil, es steigert sie. Mit der Weiterentwicklung von KI erhalten Pricing-Teams die Werkzeuge, um strategisch zu führen, datenbasierte Erkenntnisse zu nutzen und sich für faire Pricing-Praktiken einzusetzen. Dieser Wandel bietet den heutigen Pricing-Experten eine einzigartige Gelegenheit, die Zukunft des Handels zu gestalten, indem sie KI nutzen, um intelligentere und fundiertere Entscheidungen zu treffen.

Um in dieser KI-gestützten Landschaft erfolgreich zu sein, müssen Pricing-Professionals:

1. **Strategische Denker:** In der Lage, Preisentscheidungen mit übergeordneten Unternehmenszielen abzustimmen und Marktveränderungen vorauszusehen.
2. **Daten-Storyteller:** Kompetent darin, komplexe KI-Erkenntnisse in klare, umsetzbare Geschichten zu übersetzen, die bei Stakeholdern Anklang finden.
3. **Ethische Hüter:** Engagiert, Fairness, Transparenz und ethische Grundsätze in allen Pricing-Praktiken zu wahren.

Auch wenn diese Transformation Zeit in Anspruch nehmen wird, sind die Vorteile erheblich. Pricing-Professionals, die diese neue Rolle annehmen, werden nicht nur ihre eigene Karriere voranbringen, sondern auch maßgeblich zum Erfolg ihrer Organisationen in einer zunehmend KI-getriebenen Welt beitragen (Chui et al. 2021; Tene und Polonetsky 2013a).

Ein Blick in die Pricing-Teams von morgen

Stellen Sie sich ein Szenario im Jahr 2035 vor, in dem Pricing-Teams die treibende Kraft für Innovationen in Unternehmen sind. Diese Teams arbeiten eng mit Data Scientists zusammen, um modernste Pricing-Modelle zu testen, entwickeln gemeinsam mit dem Marketing personalisierte Angebote und liefern Führungskräften entscheidende Einblicke, wie sie auf globale Veränderungen und Störungen reagieren können.

Anstatt von KI in den Hintergrund gedrängt zu werden, stehen diese Pricing-Professionals an der Spitze des Wandels und nutzen Technologie, um Entscheidungen schneller, intelligenter und ethisch fundierter zu treffen. Sie sind nicht länger auf das Backoffice beschränkt, sondern werden als zentrale Wachstumstreiber wahrgenommen, die maßgeblich beeinflussen, wie Unternehmen mit Kunden interagieren und Wert im Markt schaffen.

Diese Zukunftsvision ist nicht nur ein Traum, sondern eine greifbare Realität, die durch die heutigen Entscheidungen von Pricing-Professionals verwirklicht werden kann. Mit dem weiteren Fortschritt von KI wird die Bereitschaft, diese Veränderungen anzunehmen, Teams dazu befähigen, immer strategischere Rollen zu übernehmen und Organisationen zu größerem Erfolg zu führen (Brynjolfsson und McAfee 2017; Chui et al. 2021).

Abschließende Gedanken

Am Ende dieser Erkundung des KI-gestützten Pricings lohnt es sich, über die bemerkenswerten Fortschritte nachzudenken, die wir gemacht haben, und über die Richtung, in die wir uns bewegen. Pricing war schon immer ein sensibles Gleichgewicht zwischen Analyse und Intuition, doch KI verschiebt diese Balance deutlich und bietet beispiellose Präzision, Flexibilität und Wachstumschancen.

Als horizontale Ermöglichungsschicht wird KI die Art und Weise, wie Pricing in allen Organisationen funktioniert, grundlegend verändern. KI zu ignorieren ist keine wirkliche Option. Wie Jensen Huang treffend formulierte: „KI wird deinen Job nicht übernehmen. Die Person, die KI nutzt, wird es tun" (Huang 2023). Analog dazu wird ein Unternehmen, das KI im Pricing nicht einsetzt, seinen Wettbewerbsvorteil an einen Konkurrenten verlieren, der dies tut.

Im Verlauf dieses Buches haben wir untersucht, wie KI Pricing-Strategien transformiert – von der präzisen Vorhersage des Kundenverhaltens bis hin zur Ermöglichung dynamischer, Echtzeit-Preisänderungen. KI revolutioniert das Pricing und eröffnet neue Möglichkeiten.

Mit diesen Chancen gehen jedoch auch Verantwortlichkeiten einher, die umsichtiges Leadership, eine klare strategische Vision und die Verpflichtung zu ethischen Standards erfordern. Die Zukunft des Pricings dreht sich nicht nur um Algorithmen, sondern darum, wie Führungskräfte diese Werkzeuge nutzen, um den Unternehmenserfolg zu steigern. KI entfaltet ihr Potenzial in einem Umfeld, in dem menschliche Kreativität und Urteilsvermögen mit Technologie verschmelzen.

Die Einführung von KI im Pricing ist ein fortlaufender Prozess. Dieser Wandel erfordert einen kulturellen Wandel, bei dem Teams offen für moderne Technologien sind, Daten vertrauen und KI als Partner betrachten. Die erfolgreichsten KI-Implementierungen setzen auf Bildung, Transparenz und Einbindung, sodass Teams sich sicher und befähigt fühlen. Mit dem weiteren Fortschritt von KI müssen Führungskräfte ein Gleichgewicht zwischen Innovation, Ethik, Profitabilität und Fairness finden. Diese Prinzipien werden KI-gestützte Pricing-Strategien leiten, die Kundenvertrauen und nachhaltigen Unternehmenserfolg fördern.

Stellen Sie sich vor, Sie führen im Jahr 2035 ein Team, das Innovationen vorantreibt und Wert für das Unternehmen, die Kunden und Partner schafft. Die Entscheidungen, die Sie heute treffen, legen das Fundament für diesen Erfolg. Die Zukunft des KI-gestützten Pricings ist vielversprechend – aber sie erfordert Führungspersönlichkeiten wie Sie, die den ersten Schritt machen.

Wenn Sie dieses Buch abschließen und reflektieren, stellen Sie sich folgende Fragen:

- *Welche Pricing-Herausforderung werden Sie als Nächstes mit KI angehen?*
- *Wie werden Sie in Ihrem Unternehmen oder Ihrer Branche einen Unterschied machen?*
- *Welchen einzigartigen Wert können Sie durch den Einsatz von KI im Pricing erschließen, der zuvor nicht möglich war?*
- *Wie werden Sie KI-gestützte Pricing-Strategien mit der langfristigen Vision und den Werten Ihres Unternehmens in Einklang bringen?*
- *Welche Schritte werden Sie unternehmen, um sicherzustellen, dass Ihre Pricing-Lösungen ethisch, kundenorientiert und anpassungsfähig in einem sich ständig verändernden Markt bleiben?*
- *Wie können Sie KI nutzen, um Pricing von einer taktischen Funktion zu einem zentralen Treiber für nachhaltiges Wachstum und Innovation zu machen?*
- *Welche Partnerschaften, Fähigkeiten oder Ressourcen werden Sie priorisieren, um das volle Potenzial von KI im Pricing auszuschöpfen?*
- …

Diese Fragen sind eine Einladung, über die praktischen Anwendungen hinauszudenken und die transformative Kraft des KI-gestützten Pricings zu erkunden. Die Reise hat gerade erst begonnen. Seien Sie Teil davon.

Literatur

Acquisti A, Brandimarte L, Loewenstein G (2015) Privacy and human behavior in the age of information. Science 347(6221):509–514. https://doi.org/10.1126/science.aaa1465.

Bertsimas D, Kallus N (2020) From predictive to prescriptive analytics: achieving business optimization with AI. Manag Sci 66(3):1–23. https://doi.org/10.1287/mnsc.2019.3531.

Brynjolfsson E, McAfee A (2017) The second machine age: work, progress, and prosperity in a time of brilliant technologies. W.W. Norton & Company.

Chui M, Manyika J, Miremadi M (2020) The next normal in AI adoption: the road to a responsible and efficient future. McKinsey & Company. https://www.mckinsey.com/featured-insights/artificial-intelligence/the-next-normal-in-ai-adoption.

Chui M, Manyika J, Miremadi M (2021). The state of AI in 2021. McKinsey & Company. https://www.mckinsey.com/featured-insights/artificial-intelligence/the-state-of-ai-in-2021.

Cohen S, Ross J, Iansiti M (2021) How AI can drive sustainability in business. Harvard Business Review. https://hbr.org.

European Food Retail AI Integration Committee (2023) European food retail AI integration report.

Floridi L, Cowls J, King T, Taddeo M (2018) AI for social good: ethics and transparency in AI. Sci Eng Ethics 24(5):412–432.

Gunning D, Aha D (2019) Explainable artificial intelligence (XAI): concepts, taxonomies, opportunities. AI Mag 40(2):34–46.

Hinterhuber A, Liozu SM (2013) Innovation in pricing: contemporary theories and best practices. Routledge.

Huang J (2023, March 21) AI: the future of computing with NVIDIA CEO Jensen Huang [Video]. YouTube. https://www.youtube.com/watch?v=SwIYoUk1Y_s.

Kumar A, Shah D (2021) Global pricing strategies: the challenges of customization in diverse markets. J Int Bus Strat 15(3):56–72.

Martin KD, Dholakia UM (2020) Fostering customer trust through ethical AI practices. J Bus Ethics 163(4):705–718. https://doi.org/10.1007/s10551-019-04360-4.

Phillips R (2005) Pricing and revenue optimization. Stanford University Press.

PwC (2023) Consumer intelligence series: how sustainability drives consumer preferences. PricewaterhouseCoopers.

ShipScience (2023, October 26) 7 use cases showing the benefits of anomaly detection in the logistics industry through machine learning. ShipScience. https://www.shipscience.com/7-use-cases-showing-the-benefits-of-anomaly-detection-in-the-logistics-industry-through-machine-learning-9c1ef/.

Smart Energy International (2023, November 15) 128 million smart meters in US in 2023. Smart Energy International. Retrieved from https://www.smart-energy.com/regional-news/north-america/128-million-smart-meters-in-us-in-2023/.

Talluri KT, van Ryzin GJ (2004) The theory and practice of revenue management. Springer.

Tene O, Polonetsky J (2013a) Big data for all: privacy and user control in the age of analytics. Northwest J Technol Intellect Prop 11(5):239–273.

Tene O, Polonetsky J (2013b) Privacy in the age of big data: a time for big decisions. Stanford Law Rev 66(4):37–53. https://doi.org/10.2139/ssrn.2361972.

Wirtz J, So KKF, Mody MA, Liu SQ, Chun HH (2022a) Platforms in the sharing economy: understanding the dynamic relationship between platforms and their users. J Mark 86(1):48–69.

Wirtz J, Zeithaml VA, Kimes SE (2022b) Services marketing: People, technology, strategy. Pearson.

Anhang: KI-Prompts für intelligentere Preisberatung meistern

Einleitung

Wenn ich eines aus dem Co-Piloting mit ChatGPT oder einem anderen KI-Chatbot gelernt habe, dann ist es, dass die richtige Fragestellung die halbe Miete ist. Anfangs war ich oft frustriert, wenn die Antworten nicht ins Schwarze trafen – bis mir klar wurde: Das Problem war nicht das Tool, sondern ich selbst. Ich war in meinen Eingaben nicht klar, spezifisch oder zielgerichtet genug. Sobald ich begann, bewusster über meine Fragestellungen nachzudenken, änderte sich alles. Die Erkenntnisse wurden präziser, die Vorschläge relevanter und die Gespräche wirklich hilfreich.

Diese Erkenntnis war für mich persönlich, aber zugleich auch seltsam universell – insbesondere für uns Pricing-Profis. Im Pricing zählt Präzision über alles. Wir bewegen uns in einer Welt, in der eine übersehene Annahme oder ein schlecht formuliertes Szenario eine Kettenreaktion falscher Entscheidungen auslösen kann. Mit KI ist es nicht anders. Generative KI-Tools wie ChatGPT können als persönliche Effizienz-Booster dienen, indem sie uns helfen, Märkte zu analysieren, Szenarien zu simulieren oder Empfehlungen zu generieren – aber sie sind nur so gut wie die Anweisungen, die wir ihnen geben.

Dieses Bonuskapitel ist mein Versuch, das weiterzugeben, was ich durch Ausprobieren und viele spielerische Dialoge mit ChatGPT Co. gelernt habe. Ich möchte praktische Tipps anbieten, die Ihnen helfen, KI so zu nutzen, dass sie Sie stärkt, statt zu frustrieren. Egal, ob Sie Analyst, Berater oder

Führungskraft sind – ich bin überzeugt, dass Sie diese Tipps genauso nützlich finden werden wie ich.

Warum Prompt-Optimierung im Pricing wichtig ist

Als komplexe Disziplin erfordert Pricing fundierte Kenntnisse über Märkte, Wettbewerber, Kunden und interne finanzielle Zielsetzungen. Die Risiken sind hoch: Eine falsche Preisstrategie kann Umsätze schmälern, das Vertrauen der Kunden beeinträchtigen oder operative Ineffizienzen verursachen. KI-Tools wie ChatGPT und Gemini können unterstützen, indem sie:

- **Markteinblicke generieren:** Trends, Wettbewerberpreise und Konsumentenverhalten zusammenfassen.
- **Preisszenarien simulieren:** Mögliche Auswirkungen von Preisänderungen oder Werbeaktionen modellieren.
- **Preisstrategien entwickeln:** Ansätze wie dynamische Preisgestaltung, Bündelung oder segment-spezifische Preisstrategien empfehlen.

Ein KI-Chatbot ist jedoch nicht von Natur aus „intelligent". Die Qualität seiner Antworten hängt in hohem Maße davon ab, wie gut der Nutzer die Frage formuliert. Schlecht konstruierte Prompts können zu irrelevanten, vagen oder irreführenden Ergebnissen führen. Die Beherrschung des Prompt-Designs hilft, diese Lücke zu schließen und das volle Potenzial der KI als leistungsstarken Assistenten zu entfalten, der Pricing-Expertise ergänzt.

Schlüsselprinzipien für effektives Prompt-Design im Pricing

1. **Seien Sie spezifisch und klar**
   Klare und spezifische Prompts verhindern Missverständnisse und stellen sicher, dass die KI Ergebnisse liefert, die Ihren Zielen entsprechen. Dieses Prinzip ist besonders im Pricing wichtig, da Nuancen eine Strategie maßgeblich beeinflussen können.
   Beispiel:

   - **Schwacher Prompt:** „Was ist eine gute Preisstrategie?"
   - **Optimierter Prompt:** „Welche Preisstrategien würden Sie für eine lokale Direct-to-Consumer-Hautpflegemarke empfehlen, die die Kundengewinnung steigern und gleichzeitig eine Gewinnmarge von 20 % beibehalten möchte?"

Die optimierte Version spezifiziert Branche, Unternehmensziele und eine zentrale finanzielle Vorgabe und schafft so Klarheit für eine gezielte Antwort.

2. **Kontext setzen**

Der Kontext bestimmt, wie die KI Ihren Prompt interpretiert. Preisentscheidungen hängen von Faktoren wie Branchendynamik, Zielkundensegmenten und regionalen Unterschieden ab. Die Einbeziehung dieser Details in Ihren Prompt erhöht die Relevanz der Antwort.

Beispiel:

- **Kontextualisierter Prompt:** „Ich führe eine Preisanalyse für eine E-Commerce-Marke durch, die Premium-Kaffeeprodukte auf dem nordamerikanischen Markt verkauft. Welche Faktoren sollte ich berücksichtigen, um die Preise für Abonnementmodelle zu optimieren und Marktanteil sowie Umsatz zu steigern?"

Dieses Beispiel nennt Produktkategorie, Markt und Preismodell und stellt sicher, dass der KI-Chatbot eine auf diese Spezifika zugeschnittene Beratung liefert.

3. **Komplexe Fragen aufteilen**

Preisgestaltung umfasst mehrere Ebenen, wie Wertbeurteilung, Kostenanalyse, Elastizitätsschätzung und Wettbewerbsbenchmarking. Anstatt eine breit gefasste Frage zu stellen, ermöglicht die Aufteilung in kleinere, präzise Prompts dem KI-Chatbot, jeden Aspekt gründlicher zu behandeln.

Beispiel:

- Teil 1: „Was sind die wichtigsten Vor- und Nachteile der Kosten-plus-Preisgestaltung für ein kleines Produktionsunternehmen?"
- Teil 2: „Wie kann ein Produktionsunternehmen Wettbewerberpreise in eine wertbasierte Preisstrategie integrieren?"
- Teil 3 (weniger offensichtlich, aber wirkungsvoll): „Was sollte ich Sie sonst noch fragen, um die beste Preisstrategie für mein Produktionsunternehmen zu definieren?"

Durch die Segmentierung der Fragen wird sichergestellt, dass keine wichtigen Details übersehen werden.

Toolbox: Fortgeschrittene Techniken zur Prompt-Optimierung

1. **Rollenvergabe zur Verfeinerung der Perspektive nutzen**
Die Zuweisung einer Rolle an den KI-Chatbot, wie etwa „Pricing Manager" oder „Chief Growth Officer", beeinflusst Tonfall und Herangehensweise der Antwort.
Beispiel:

- **Rollenbasierter Prompt:** „Als Pricing Manager einer mittelgroßen Einzelhandelskette: Wie würden Sie saisonale Rabatte für margenstarke Produkte festlegen?"

Diese Rollenvergabe hilft dem KI-Chatbot, so zu antworten, als befände er sich in einer professionellen Pricing-Position, und liefert dadurch gezieltere und kontextuell relevante Empfehlungen.

2. **Szenarien-Simulationen nutzen**
KI-Chatbots sind hervorragend darin, hypothetische Szenarien zu generieren, die reale Pricing-Herausforderungen widerspiegeln. Die Einbindung von Szenarien in Ihre Prompts ermöglicht es der KI, potenzielle Ergebnisse zu modellieren.
Beispiel:

- **Szenarienbasierter Prompt:** „Ein SaaS-Unternehmen erwägt eine Preiserhöhung für sein Basis-Abonnement. Simulieren Sie mögliche Kundenreaktionen und empfehlen Sie Strategien zur Minimierung der Abwanderung."

Durch die Vorgabe einer konkreten Situation sorgt dieser Prompt für umsetzbare Erkenntnisse.

3. **Schritt-für-Schritt-Prozesse anfordern**
Pricing-Strategien erfordern häufig mehrstufige Prozesse – von der Datenerhebung bis zur Entscheidungsfindung. Die Bitte um eine schrittweise Erklärung fördert Klarheit und Tiefe.
Beispiel:

- **Schritt-für-Schritt-Prompt:** „Erläutern Sie die Schritte zur Berechnung des Customer Lifetime Value (CLV) und wie dieser die Preisentscheidungen eines abonnementbasierten Unternehmens beeinflussen kann."

Dieser Ansatz liefert eine strukturierte Anleitung, die leicht nachvollzogen oder angepasst werden kann.

4. **Einschränkungen einbauen**
Einschränkungen wie Wortlimits oder bestimmte Formate helfen dem KI-Chatbot, prägnantere und relevantere Ergebnisse zu liefern.
Beispiel:

- **Mit Einschränkungen:** „Fassen Sie die Vor- und Nachteile von Dynamic Pricing im E-Commerce in weniger als 200 Wörtern zusammen, mit Fokus auf Kund:innenvertrauen und operative Herausforderungen."

Einschränkungen helfen, die Antwort zu präzisieren und erleichtern die Anwendung im beruflichen Kontext.

5. **Multi-Perspektiven-Analyse fördern**
Preisentscheidungen profitieren von der Berücksichtigung unterschiedlicher Perspektiven. Die Aufforderung an den KI-Chatbot, verschiedene Standpunkte zu beleuchten, bereichert die Antwort.
Beispiel:

- **Prompt:** „Analysieren Sie die Vor- und Nachteile von Freemium-Pricing aus der Sicht eines Start-up-Gründers, eines Endnutzers, eines Wettbewerbers und eines Investors."

So wird eine ausgewogene Analyse sichergestellt, die die Bedürfnisse und Erwartungen verschiedener Stakeholder berücksichtigt.

Anwendungsbeispiele

1. **Dynamische Preisgestaltung im E-Commerce**
Dynamische Preisgestaltung, bei der Preise in Abhängigkeit von Nachfrage, Wettbewerbsverhalten oder Lagerbeständen schwanken, ist ein gängiger KI-gestützter Ansatz.
Beispiel für einen Prompt:

- „Wie kann ein Online-Händler KI nutzen, um eine dynamische Preisgestaltung umzusetzen und dabei das Vertrauen der Kunden zu erhalten sowie eine negative Reaktion auf Preisdiskriminierung zu vermeiden?"

KI-Chatbots können umsetzbare Strategien wie transparente Preispolitik oder Kundensegmentierung vorschlagen, wodurch dieser Prompt besonders praxisnah ist.

2. **Preiselastizitätsanalyse**
Das Verständnis der Preissensitivität von Kunden ist entscheidend für die Optimierung der Preisgestaltung.
Beispiel für einen Prompt:

- „Geben Sie eine Schritt-für-Schritt-Anleitung, wie die Preiselastizität für eine Einzelhandelsmodemarke berechnet wird, und erläutern Sie, wie diese Daten genutzt werden können, um optimale Rabattstufen während Verkaufsaktionen festzulegen."

Dies stellt sicher, dass das Ergebnis direkt für Pricing-Teams anwendbar ist, die Präzision bei Rabattstrategien anstreben.

3. **Bündelungs- und Cross-Selling-Strategien** Bündelung kann den wahrgenommenen Wert steigern und den durchschnittlichen Transaktionswert erhöhen.
Beispiel für einen Prompt:

- „Was sind die Best Practices für die Gestaltung von Bündelpreisen für einen Abonnementdienst, der Fitnesskurse und Ernährungspläne anbietet?"

KI-Chatbots können Strategien zur Umsatzmaximierung entwickeln, die gleichzeitig Einfachheit und Kundenzufriedenheit gewährleisten.

Überwindung von Einschränkungen und iterative Verfeinerung

Selbst mit optimierten Prompts liefern KI-Chatbots nicht immer perfekte Ergebnisse. Iterative Verfeinerung kann hier Abhilfe schaffen:

1. **Lücken identifizieren:**
Wenn die Antwort unvollständig erscheint, stellen Sie Folgefragen.
Beispiel: „Könnten Sie näher erläutern, wie die Wettbewerbsanalyse die wertbasierte Preisgestaltung beeinflusst?"

2. **Prompts umformulieren:**
Missverstandene Prompts können zur Klarstellung umformuliert werden.
Beispiel: Original: „Was ist eine gute Preisstrategie?"

Überarbeitet: „Wie kann eine Premium-Getränkemarke Penetrationspreisstrategien nutzen, um in einer neuen Region Marktanteile zu gewinnen?"
3. **Antworten kombinieren:**
Bei komplexen Fragestellungen können Sie Antworten aus mehreren Prompts zusammenführen.
Beispiel: Verwenden Sie separate Prompts für Kostenanalyse, Kundensegmentierung und Wettbewerbsbenchmarking und fassen Sie anschließend die Ergebnisse zusammen.
4. **Den Advocatus Diaboli spielen:**
Hinterfragen Sie die Belastbarkeit der Antwort. Lassen Sie den Chatbot mit sich selbst diskutieren.
Beispiel: „Wie sicher sind Sie sich bezüglich der soeben gegebenen Preisempfehlung?"

Praktische Integration von KI-Chatbots in Preisgestaltungs-Workflows

Abschließend fassen wir zusammen, wie Pricing-Expertinnen und -Experten KI-Chatbots effektiv nutzen können, um ihre Arbeit zu optimieren:

1. **Automatisierung routinemäßiger Aufgaben:** Verwenden Sie den KI-Chatbot, um schnelle Zusammenfassungen von Preisentwicklungen bei Wettbewerbern oder Kundenfeedback zu erstellen.
2. **Ideenfindung:** Entwickeln Sie innovative Preisstrategien mit offenen Eingaben wie „Schlagen Sie kreative Rabattstrukturen für eine neue Produkteinführung vor."
3. **Schulung und Zusammenarbeit:** Nutzen Sie den KI-Chatbot als Trainingsinstrument für jüngere Teammitglieder, um ihnen das Verständnis komplexer Preiskonzepte zu erleichtern.

Die Kraft optimierter Prompts

Durch das bewusste Gestalten Ihrer Prompts werden Sie überrascht sein, was KI-Chatbots zu bieten haben. Ob Sie Erkenntnisse generieren, Szenarien simulieren oder Strategien verfeinern – das Design der Prompts ist der Schlüssel zu hochwertigen Ergebnissen. Durch präzises, iteratives und kreatives Erstellen von Prompts können Sie das Beste daraus machen.

Noch etwas

Bleiben Sie hungrig, bleiben Sie jung, bleiben Sie verrückt, bleiben Sie neugierig und bleiben Sie wachsam, denn genau in dem Moment, in dem Sie glauben, alle Antworten zu haben, wird Sie eine bittere Wendung des Schicksals im Universum daran erinnern, dass dem ganz und gar nicht so ist.

Made in the USA
Monee, IL
03 May 2026

49438400R00103